품격 있는
거절의 기술

The Art of Saying NO:

How to Stand Your Ground, Reclaim Your Time and Energy, and Refuse to Be Taken for Granted (Without Feeling Guilty!) © 2017 Zahariades, Damon

Translated and published by Donga M&B Co. Ltd. with permission from the Art of Productivity and DZ Publications.

This translated work is based on The Art of Saying NO by Damon Zahariades.
© 2017 by Damon Zahariades. All Rights Reserved.

The Art of Productivity and DZ Publications is not affiliated with Donga M&B Co. Ltd. or responsible for the quality of this translated work.
Translation arrangement managed RussoRights, LLC and the BC Agency on behalf of Art of Productivity and DZ Publications.

No part of this book may be used of reproduced in any manner whatever without written permission except in the case of brief quotations embodied in critical articles or reviews.

Korean translation Copyright © 2025 by Donga M&B Co., Ltd. Korean edition is published by arrangement with RussoRights, LLC through BC Agency, Seoul.

이 책의 한국어판 저작권은 BC 에이전시를 통해 저작권자와 독점 계약한
동아엠앤비에 있습니다.
저작권법에 의해 한국 내에서 보호를 받는 저작물이므로 무단전재와 복제를 금합니다.

품격 있는
거절의 기술

The Art of Saying NO

경계를 설정하고 단호함을 기르는
단계별 전략 가이드

나는 더 이상 남에게
조종당하지 않기로 했다!

… !?

데이먼 자하리아데스 지음 | 권은현 옮김

동아엠앤비

차례

프롤로그: 관계를 깨지도 않고 끌려다니지도 않으며 거절하는 기술이 있다   8

제1부 친절의 배신: 남 비위 맞추기 달인인 '예스맨'의 비애

01 도움이 필요할 때 늘 떠오르는 그 사람   18
02 나는 우울한 해피 메이커였다   21
03 나를 먼저 챙겨야 하는 이유   25
04 당신은 자기주장이 강한 사람인가?   29
05 강한 자기주장 vs. 공격성   32
06 죄책감 없이 우아하게 거절하기   36

제2부 거절은 힘들어: 차라리 다 들어주고 말겠다는 심리

07 "노(No)"라는 짧은 단어가 가진 위력   42
08 상대방의 기분을 상하게 하고 싶지 않다   44
09 주변 사람을 실망시키고 싶지 않다   47

10 이기적인 사람으로 비치기 싫다	50
11 남을 도울 때의 행복이 너무 짜릿하다	54
12 낮은 자존감에 조종당하고 있다	57
13 남들이 나를 좋아해 주길 바란다	60
14 내 진가를 알아봐 주는 느낌이 좋다	63
15 좋은 기회를 놓칠까 봐 불안하다	66
16 정서적인 학대에 굴복하고 만다	69
17 갈등과 충돌이 싫다	73
18 나도 모르게 키워온 예스맨 습관	77
깜짝 퀴즈: 당신의 예스맨 지수는 몇 점?	80

왜 내 거절은 안 통할까?:
관계 깰 위험 없이 단번에 먹히는 거절의 전략

19 돌려 말하지 않고 직설적으로 거절하기	89
20 어차피 안 들어줄 거면 시간 끌지 않기	93
21 다양한 거절의 표현 활용하기	97
22 변명하고 싶은 유혹 이겨내기	101
23 책임 회피를 위한 습관성 거절인지 점검하기	105
24 들어줄 여지가 있다면 다음을 기약하기	109
25 거짓말로 거절하는 것은 위험하다	112

26 선의를 나타내고 싶다면, 대안 제시하기   116
27 전문성 면에서 더 적합한 사람 추천하기   120
28 실랑이 벌이지 않고 자신의 한계 설명하기   124

제4부 무례한 상대 앞에서: 당당하게 거절하는 강철 멘탈 만들기

29 끝내 포기할 줄 모르는 사람 상대하는 법   130
30 무례한 상대에게 휘말리지 않는 법   134
31 내면에 도사린 '포모'라는 두려움을 꺼내라   138
32 자주 부딪히는 부탁 유형에 대처하는 법   142
33 당신은 상대방의 감정에 책임이 없다   146
34 나의 시간과 관심이 더 소중하다   149
35 거절한다고 나쁜 사람이 되는 건 아니다   151
36 거절 습관 만드는 거절 연습하기   155

제5부 보너스 편: 상황별 거절하는 법

37 어떻게 거절해야 최고의 이익이 될까?   160
38 막무가내 친척의 부탁을 거절하는 방법   162

39 배우자의 부탁 거절은 유독 껄끄럽다　　　　　　　166

40 자녀에게 조종당하기 쉬운 부모의 거절 방법　　　　170

41 의리 때문에 어려운 친구의 부탁 거절　　　　　　　175

42 이웃과 불편한 관계가 되는 건 정말 피하고 싶다　　179

43 회사에서 동료의 부탁을 거절하는 방법　　　　　　183

44 대략난감 상사의 부탁, 어떻게 거절할까?　　　　　　187

45 놓치고 싶지 않은 고객의 부탁 거절하기　　　　　　191

46 의외로 까다롭다! 모르는 사람 부탁 거절하기　　　　195

47 자기 자신에게 "노" 하는 기술　　　　　　　　　　　199

에필로그: 누군가의 부탁에 쉽게 "예스" 하는 습관이 일으키는 파장　　204

프롤로그

관계를 깨지도 않고 끌려다니지도 않으며 거절하는 기술이 있다

이 책은 전체 5개 파트로 구성되어 있으며 모든 파트가 다 중요하다. 각 파트에서 자신의 원칙을 세우고, 우아하고 당당하게 부탁을 거절하는 방법과 관련한 중요한 사항들을 하나씩 설명한다.

또한 각 파트는 바로 앞에서 설명한 내용을 토대로 부연 설명한다. 각 파트는 바로 앞 파트에서 설명한 내용에 살을 붙이고 보완한다.

이 책을 다 읽을 때쯤에는 두 가지 중요한 사실을 알게 된다. 첫째, 다른 사람의 부탁을 거절하기가 왜 그렇게 힘이 드는지 그 이유를 정확하게 이해하게 된다. 둘째, 죄책감 없이 거절하는 방법과, 그때 상대방이 나와 내 결정을 존중하도록 만드는 법을 배우게 된다. 본문 내용을 요약하면 다음과 같다.

남에게 조종당한다고 느낄 때의 좌절감

제1부에서 나는 내가 전직 예스맨이었음을 밝힐 것이다. 거기에는 두 가지 이유가 있다.

첫째, 나의 필요보다 다른 사람의 필요가 더 우선시될 때 내가 느꼈던 좌절감에 대해 말하고 싶었다. 분명 당신도 이런 좌절감에 대해 공감할 것이다.

둘째, 지금은 거절이 아무리 힘들더라도 자신 있게 거절하는 법을 당신도 배울 수 있음을 보여주고 싶었다. 내가 할 수 있다면 분명 당신도 할 수 있다.

제1부에서 강한 자기주장의 개념, 강한 자기주장과 공격성의 차이점을 설명한다. 둘의 차이점을 설명한 이유는 우아하게 상대방을 존중하는 태도로 거절하기의 중요성을 강조하기 위해서다.

뻔히 알면서도 상대방에게 끌려다니는 이유

우리의 모습에서 바꾸고 싶은 면이 있다면 애초에 왜

그런 행동을 하는지 이유를 먼저 파악하는 것이 중요하다. 따라서 제2부에서는 거절해야 하는 상황인 것을 뻔히 알면서도 부탁을 들어주는 이유를 살펴본다.

어떤 이유는 당신이 친숙하게 느낄 수 있다. 바로 당신의 개인적인 동기를 반영하고 있기 때문이다. 또 어떤 이유는 생소하게 느껴질 수 있다. 그러나 자세히 살펴보면 이 역시 당신이 거절을 힘들어하는 원인임을 이해하게 될 것이다.

제2부에서 우리의 동기와 잠재의식, 그리고 의식을 살펴보고, 긍정적인 변화를 이루기 위한 확실한 방법을 제시한다.

죄책감 없이 거절하는 구체적인 전략들

제3부에서는 죄책감을 느끼지 않고 상대방의 요청을 거절할 수 있는 구체적인 전략들을 자세히 알아본다. 그중 많은 전략이 직관적이다. 가장 단순한 방법이 가장 효과적인 방법이라는 사실을 기억하자. 우리는 이런 방법을 무시하는 경향이 있다.

제3부에서 자세하게 설명하는 전략들은 도움 요청

을 거절하면서도 상대방의 적대적 반응을 줄이고, 상대의 신뢰와 존경심을 끌어내는 데 도움이 될 것이다. 장기적으로 이 전략들은 부탁을 거절하면서도 부탁하는 사람으로부터 존중받을 수 있는 최고의 방법이라고 생각한다.

새로운 전략을 배울 때 힘든 점은 배운 전략을 자신의 상황에 맞게 어떻게 적용할지를 이해하는 것이다. 거절하는 방법을 배울 때도 마찬가지이다.

그런 방법으로 거절했는데도 무례하고 끈질기게 부탁하는 사람에게 거절하는 방법을 4부에서 다뤘다. 어떤 상대에게도 휘말리지 않을 강철 멘탈을 만드는 근본적인 내용 또한 담아냈다.

제5부에서는 3부, 4부에서 설명한 전략과 기술들을 우리가 매일 부딪히는 일상에서 어떻게 적용할지를 보여준다. 친구, 가족, 친척, 직장 상사와 동료에 이르기까지 당신이 하루에 만나는 다양한 사람들과의 관계에서 거절의 전략을 어떻게 적용할 수 있을지 배우게 된다.

책을 읽다 보면 느끼겠지만 상당히 많은 내용을 다루고 있다. 그러나 걱정할 필요는 없다. 자세한 설명을 수록하되 빠른 속도로 전개했기 때문에 최소한의 시간만 투

자해도 핵심사항을 배울 수 있다.

이 책 사용설명서

이 책에서 제공한 자료를 백 퍼센트 활용하는 방법을 설명하겠다.

이 책은 일종의 사용설명서다. 책이 지루할 것 같지만, 실제로 도움을 주는 실용적인 내용이 가득해서 지루할 틈이 없을 것이다.

이 책을 음식에 비유하자면 애피타이저부터 디저트까지 모든 내용을 다 담아내, 어느 하나 빠진 부분이 없이 꼼꼼하게 설명하고 있다.

당신이 거절의 기술을 배우는 과정에서 어느 단계에 있든 상관없이 이 책은 당신의 필요를 모두 충족시킬 것이다.

아울러 세부 내용을 찾기 쉽게 본문을 구성했다. 책을 읽고 나서, 어떤 개념이나 전략을 다시 찾아보고 싶다면 목차만 봐도 된다. 그 정도로 본문을 논리적이고 직관적으로 구성했다.

아마 이 책을 가볍게 읽어버리고 싶은 충동을 느낄 수

도 있다. 책 두께가 얇아서 두 시간만 투자하면 전체를 다 읽을 수 있다. 하지만 이 책을 최대한 활용하려면 색다른 방식으로 읽어볼 것을 제안한다.

각 섹션을 읽고 나서 잠시 책을 내려놓자. 그리고 책에서 배운 내용을 당신의 삶에 적용해 보자.

예를 들어 '제2부 거절은 힘들어' 편에서 낮은 자존감이 어떻게 작용하는지, 왜 낮은 자존감 탓에 부탁을 거절하지 못하게 되는지를 설명한다. 제2부를 읽고 나서, 책장을 잠시 덮고 내게도 낮은 자존감이 문제가 되는지 곱씹어 본다.

대인 관계에서 낮은 자존감이 어떤 영향을 미치는지 생각해 본다. 나의 필요를 달성하는 데 낮은 자존감이 어떻게 문제가 되는지 곰곰이 생각해 본다.

이렇게 책을 활용하면 자신만의 경험에 맞는 내용을 마음속에 새겨둘 수 있다. 책의 위력이 커지는 것을 실감하게 될 것이다.

제3부와 4부를 읽을 때는 배운 내용을 실제로 적용할 기회를 찾아보자. 각 전략을 시험 삼아 사용해 보고 그 효과를 기록한다.

당신에게 도움을 요청한 자의 반응은 어떤가? 전략을

사용한 결과 도움 요청자는 당신을 어떻게 생각하게 되었나?

이어서 각 전략은 내가 나의 시간에 대한 권리를 되찾는 데 얼마나 도움이 되는지 기록한다.

이것이 바로 적극적인 독자의 자세다. 이것이 본문에서 다룰 내용을 충분히 활용할 최고의 방법이 될 것이다.

이 책에서 최대한의 가치를 얻고 싶다면 간단하지만 반드시 해야 하는 일이 있다.

나와 한 가지 약속을 하자. 책에서 배운 내용을 실제로 사용하겠다고 말이다. 책을 읽고 나서 그냥 아무것도 하지 않고 덮어버리고 싶은 마음도 이해한다. 하지만 제발 그러지 않았으면 좋겠다.

이 책을 읽는 것은 일을 반만 하는 것이다. 가장 중요한 나머지 반은 배운 내용을 실제로 적용해 보는 것이다. 그렇게 했을 때 습관이 바뀌고 더욱 보람 있는 삶을 살게 될 것이다.

나와 약속할 준비가 되었다면 이제 책 속에 빠져보자.

How To Say No

The Art of Saying NO

제1부

친절의 배신

남 비위 맞추기 달인인 '예스맨'의 비애

"그냥 성공한 사람들과 대단히 성공한 사람들의 차이점은, 대단히 성공한 사람들은 거의 모든 일에 '노(no)'라고 말하는 것이다."
- 워런 버핏(Warren Buffett)

01

도움이 필요할 때
늘 떠오르는 그 사람

당신 지인 중에서 전형적인 '예스맨'을 머릿속에 떠올려 보라. 그는 당신이 아는 사람 중에서 제일 좋은 사람일지 모른다. 그들은 항상 남을 도와줄 준비가 되어 있다. 도움이 필요할 때마다 언제든지 그에게 기댈 수 있다. 그저 부탁만 하면 그는 당신의 욕구와 필요를 충족시키기 위해 자신의 개인적인 일은 기꺼이 접어둘 것이다.

혹시 이 사람의 행동이 불안할 정도로 당신과 흡사하지는 않은가? 그의 모습에서 당신의 모습이 보이지는 않는가?

예를 들어 누군가 당신에게 도움을 요청하면 그 즉시 하던 일을 중단하고 "네, 하겠습니다!"를 외치지는 않는가?

만약 그렇다면 더 큰 문제가 있다. 혹시 당신은 계속해서 당신의 일보다 다른 사람의 일을 우선시하면서 불행해하고 스트레스와 피로를 자주 느끼진 않는가?

만일 당신의 대답이 "예스(Yes)"라면 이 책은 바로 당신을 위한 책이다.

누군가의 부탁을 거절하는 기술은 당신이 배울 수 있는 가장 중요한 기술 중 하나다. 부탁을 거절하면 개인적인 일에서든 업무 면에서든 자신의 관심사를 추구할 여유가 생겨 자유를 얻게 된다.

그럼 당신이 하는 일의 생산성이 높아지고 인간관계가 향상된다. 바로 그 순간 당신의 내면은 낯설지만 확신에 찬 침착함으로 가득 차게 된다.

남들이 당신을 함부로 대할 수 없도록

거절하는 능력은 당신에게 자유를 선사한다. 그러나 거절의 기술을 배우기란 쉽지 않다. 대부분 지난 수년간

해온 것과 반대로 행동해야 하기 때문이다. 때로는 우리 부모님, 선생님, 상사, 동료와 가족들로부터 평생 들어온 것과 반대로 행동해야 할 수도 있다. 하지만 노력할 가치가 있는 일이다.

일단 자신감을 가지고 품위 있게 거절하는 능력을 꾸준히 연마하다 보면 당신에 대한 사람들의 인식 또한 바뀐다. 사람들은 당신을 전보다 더 존중하게 될 것이다. 당신의 시간을 더 소중하게 생각할 것이다. 당신을 마음대로 부릴 수 있는 '호구'가 아니라, 함부로 대할 수 없는 사람으로 생각하게 될 것이다.

이것은 단지 시작에 불과하다.

더 자세히 알고 싶은가? 항상 예스!를 외치면서 사람들을 즐겁게 하는 성향을 없앨 준비가 되었나? 그렇다면 이제 어느 모로 보나 예스맨이었던 나의 개인적인 경험부터 들려주겠다.

02

나는 우울한
해피 메이커였다

나는 한때 남 비위 맞추는 데 도가 튼 피플 플리저(people pleaser), 쉽게 말해 '예스맨'이었다. 만약 당신이 고교 시절과 대학 시절에 나와 아는 사이였다면, 도움이 필요할 때 다른 누군가에게 갈 필요가 없었을 것이다. 당신 곁에는 내가 있었을 테니 말이다. 도와달라는 말 한마디면 나는 언제든 부탁을 들어주었을 것이다. 당신의 부탁을 들어주기 위해 기꺼이 나 자신을 희생했을 것이다.

자신이 어떤 상황에 놓였든 남의 부탁을 다 들어주는 성향에는 여러 가지 원인이 있다. 그 부분은 '제2부 거절은 힘들어' 편에서 다루기로 하자. 지금은 내가 진정한 예스맨이었다는 사실만 말해도 충분하리라 생각한다.

그러나 나는 우울했다.
누군가의 부탁을 들어줄 때마다 나는 옳은 일을 한다고 생각했다. 내가 한 일은 상대방을 행복하게 만드는 일이었기 때문이다. 그런 결정이 어떻게 후회스러울 수 있겠는가?
그러나 나의 내면의 목소리는 이렇게 속삭이곤 했다. 남에게 "예스" 하는 것은 결국 나 자신에게 "노" 하는 것과 같다고 말이다.
남을 위해 시간을 써버리면, 정작 나를 위해 쓸 시간은 없게 된다. 남을 위해 돈을 쓰면 내가 관심 있고 필요한 곳에 쓸 돈이 없어진다.
그런데도 나는 타인의 이익을 위해 나의 시간과 돈, 심지어는 노동력까지 사용했고, 결과적으로 나의 관심사는 뒷전으로 밀려났다.
대학 시절 나는 소형 오픈 트럭이 있었다. 당연히 나는 친구들의 이사를 도와줄 적임자였다. 나는 이삿짐 나르는 일을 도와달라는 부탁을 자주 받았다.

뼛속까지 예스맨이었던 나는 부탁을 받으면 서슴없이 승낙했다. 나의 관심사와 우선순위를 뒷전으로 밀어놓는 나의 행동을 질책하는 내면의 목소리와는 반대로 행동했다.

그러나 내면의 목소리는 멈추지 않았다. 차츰 나는 나 자신에게 화가 났고, 나에게 끊임없이 부탁하는 사람들에게도 화가 나기 시작했다.

그때부터 상황은 걷잡을 수 없이 흘러갔다.

내겐 남을 돕는 습관이 깊이 뿌리박혀 있었기에 누군가 도움을 청할 때마다 나도 모르게 부탁을 들어주었다.

하지만 그럴 때마다 나의 내면에는 불만이 점점 쌓여만 갔고, 씁쓸한 생각을 넘어 절망감까지 들었다. 남을 도울 때마다 나 자신은 점점 더 불행해진다는 사실을 알면서도 나를 희생한 것이다.

퉁명스럽게 거절하는 내가 싫었다

누구를 탓하겠는가. 나는 어느 순간부터 예스맨은 이제 그만하자고 결심을 했다. 그때부터 이사를 도와달라는 친구들의 부탁을 모두 거절하기 시작했다. 사실 부탁이란 부탁은 죄다 거절했다.

  돌이켜보면 무조건 거절하던 나의 방식이 후회스럽다. 당시에는 너무 화가 났고 거절을 못 하는 나 자신이 너무 싫어서 어떤 부탁이든 생각 없이 기계적으로 거절했다. 내가 너무 지나치게 반응한 것이다.

  그 이후 몇 년간 다양한 방법을 시도하고 연습하면서, 상대방을 배려하면서도 부드럽게 부탁을 거절할 수 있게 되었다.

  이 책은 남을 기쁘게 하는 삶에서 벗어나 나의 욕구와 필요를 먼저 생각하는 삶으로 전환하는 데 도움이 될 것이다. 지금 와서 생각하면 후회스럽지만, 예전에 내가 쓰던 퉁명스러운 거절이 아닌, 품위 있는 거절의 전략들을 소개하고자 한다.

03

나를 먼저
챙겨야 하는 이유

내가 지금까지 살면서 배운 교훈 중 제일 소중한 것은, 세상 그 누구도 나만큼 나의 시간과 나의 필요를 열심히 대변해 줄 수 없다는 사실이다. 당연하다.

많은 사람이 자신의 이익을 위해서 행동한다. 자신의 우선순위를 다른 사람의 우선순위보다 먼저 챙기는 것은 당연한 일이다. 그러니 각자의 필요를 충족시킬 책임은 자기 자신에게 있다.

나를 대신할 사람은 아무도 없다.

그렇기에 더더욱 다른 사람의 필요에 관심을 두기 전

에 자신의 필요에 먼저 관심을 가져야 한다. 나의 주장이 불편하게 들릴 수도 있다. 남을 사랑하고 남에게 퍼주는 일에 열정이 있는 사람이라면 더욱 그럴 것이다.

그러나 자신의 필요를 돌보지 않은 채 다른 사람의 필요에만 관심을 쏟는다면, 결국 분노와 씁쓸한 감정만 남게 될 것이다. 지칠 정도로 다른 사람의 필요만을 위해 애를 쓴다면 건강을 해칠 수도 있다(내 경험에서 우러나온 이야기이다).

남 살리려다가 내가 죽을 수도 있다

다른 사람의 필요보다 자신의 필요를 먼저 생각하라고 말하지만, 그렇다고 해서 다른 사람의 도움 요청을 무시하라는 말은 절대 아니다!

친구, 가족, 동료, 심지어 낯선 사람이라도 도움을 요청하면 도와줄 수 있다. 그러나 중요한 것은 그때 자신의 우선순위를 뒷전으로 밀어놓지 말아야 한다는 점이다.

생각해 보라! 자신을 먼저 돌보지 않는다면 장기적으로 봤을 때 당신은 다른 사람들에게 얼마나 쓸모 있는 사람이 될 수 있겠는가?

남을 지나치게 자주 도와주다 보니, 끼니도 거르고 잠도 줄이고 취미 생활도 하지 않게 되었다고 생각해 보라. 점차 지치고 짜증나고 불행해져서, 결국 남을 도울 수 없거나 돕고 싶은 마음이 생기지 않을 것이다.

바로 이런 이유에서 당신 자신의 필요를 먼저 돌보라고 충고하는 것이다. 그러다 보면 시간과 에너지가 있고, 도와주고 싶은 마음이 들 때 남의 부탁을 들어줄 여력이 생긴다. 자신의 건강과 행복을 해치거나 포기하지 않고 상황에 따라 도와줄지 말지 결정할 수 있게 될 것이다.

비행기 승무원은 탑승객들에게 항공안전에 대해 어떻게 설명하는가?

기내 기압이 떨어지는 상황에서 다른 승객이 산소마스크를 쓰는 걸 돕기 전에, 당신이 먼저 산소마스크를 착용하라고 설명한다. 자기 자신을 먼저 돕고 나서 다른 사람을 도와주어야 한다.

기내 안전수칙 방송의 목적은 혼자 살아남기를 홍보하려는 것이 아니다. 다른 승객을 먼저 도우면 정작 당신은 산소 부족으로 사망할 수 있음을 일깨워 주려는 것이다. 당신이 사망하면 다른 승객을 돕는 것도 불가능하다.

당신이 타인의 필요보다 자신의 필요를 먼저 돌보려

고 할 때, 어떤 사람들은 자신의 목적을 위해 당신에게 끈질기게 도움을 요청할 수 있다. 이들은 결코 거절을 용납하지 않는 사람들이다. 이럴 때 당신은 단호한 태도를 보여야 한다.

04

당신은 자기주장이 강한 사람인가?

강한 자기주장은 타고나는 품성이라 생각하는 사람이 많다. 그러나 그렇지 않다. 강한 자기주장은 학습을 통해 습득되는 특성이다.

나는 이 책에서 강한 자기주장이란 학습된 기술이라고 정의한다.

자기주장이 강하다는 것은 자신의 필요와 욕구를 자신감 있게 표현할 수 있고, 반대에 부딪혀도 자신감을 가지고 자신의 목표를 향해 나아갈 수 있다는 뜻이다.

자기주장이 강한 사람들은 어떤 주제에 대해 자신의

의견을 오해의 소지 없이 남들 앞에서 분명하게 밝힐 줄 안다.

남들의 동의나 검증은 필요 없다

자기주장이 강한 사람은 자신의 의견을 밝힐 때 다른 사람의 동의나 검증이 필요 없다고 생각한다.

예를 들어 당신은 친구와 정치를 주제로 토론하고 있다. 당신이 자기주장이 강한 사람이라면 친구의 주장과 상충하더라도 당신의 의견을 당당하게 밝힌다.

당신이 영화관에서 최신 블록버스터 영화를 보고 있는데 옆자리에 앉은 사람이 큰 목소리로 전화 통화를 하고 있다. 만약 당신이 자기주장이 강한 사람이라면, 옆 사람에게 목소리를 낮춰달라고 하거나 핸드폰을 꺼달라고 요구한다.

친구가 당신에게 이번 주 금요일에 공항까지 태워달라고 부탁한다. 만약 당신이 다른 선약이 있고 자기주장이 강한 사람이라면, 친구의 반응이 좋지 않더라도 그 부탁을 거절한다.

이렇듯 강한 자기주장의 기본은 솔직함이다. 솔직하

게 말하는 것 이상도 이하도 아니다.

다행히도 강한 자기주장은 선천적으로 타고나는 능력이 아니다. 훈련과 연습을 통해 얼마든지 개발할 수 있다.

우리는 이 책에서 다른 사람의 부탁을 거절할 때 사용할 수 있는 강한 자기주장에 대해 살펴보고자 한다. 이것이 바로 이 책의 목적이기도 하다.

이 책에서 중요한 거절하기 기술을 읽다 보면 당신의 삶 전반에 걸쳐 더 강하게 자기주장을 펼칠 수 있게 될 것이다.

자기주장을 펼치는 법을 배우면 생각의 전환을 경험하게 된다. 자신이 필요로 하고 원하는 것을 더욱 강력하게 요구하게 된다. 자신의 의견을 이전보다 더 거리낌 없이 말하게 되며 자신의 목소리를 내지 못하거나, 목소리를 낼 의지가 없는 사람들을 대신하여 목소리를 높일 수도 있다.

당신의 삶을 바꿀 수 있는 심플하면서 아름다운 말인 "노"도 더욱 능숙하게 표현할 수 있게 된다.

05

강한 자기주장
vs. 공격성

'자기주장이 강하다'는 말과 '공격적'이라는 말은 구분할 필요가 있다. 흔히 사람들은 두 표현을 비슷한 의미로 혼동해서 쓴다. 그러나 두 표현은 전혀 다른 행동을 가리킨다.

강하지만 건강한 자기주장은 상대방에 대한 존중을 바탕으로 한다. 앞에서 언급했듯이 자기주장이 강하다는 말은 자기 의견을 자신감 있게 말한다는 뜻이다.

공격적이라는 말은 적대적인 태도가 있다는 뜻이다. 공격적인 사람은 남에게 무례하고, 남을 무시하며, 남을 위협하듯 말한다. 다양한 상황에서 강한 자기주장과 공격성의 예를 들어보자.

✚ 반대의견 말하기
강한 자기주장: 상대방의 말을 다 듣고 상대방이 말을 끝낸 다음 반대되는 의견을 말한다.
공격성: 다른 사람의 말이 끝나지도 않았는데, 상대방의 말을 끊고 자신의 의견을 말한다.

✚ 집단에서 자기 생각 말하기
강한 자기주장: 집단의 대화에 참여한다. 다른 사람에게 말할 기회를 주고, 상대방을 존중하는 자세로 자기 생각을 말한다.
공격성: 집단의 대화를 지배하려고 한다. 다른 사람의 말을 중간에 끊어버리고, 상대방의 기분은 생각하지 않은 채 의견을 깔아뭉갠다.

✚ 영화관에서 조용히 해달라고 말하기
강한 자기주장: 시끄러운 관람객에게 영화를 볼 수 있게 목소리를 낮춰달라고 부탁한다.

공격성: 시끄러운 관람객에게 목소리를 낮추라고 요구하고, 요구를 들어주지 않으면 폭력을 쓰겠다고 협박한다.

✚ 잘못 나온 음료를 바꿔달라고 하기

강한 자기주장: 아이스 모카에 초콜릿 시럽이 너무 많이 들어갔다면 점원에게 그의 눈을 보면서 음료를 다시 만들어달라고 부탁한다.

공격성: 점원을 노려보면서 실수를 비난하며 음료를 다시 만들라고 요구한다.

✚ 도와달라는 부탁 거절하기

강한 자기주장: 부탁을 분명하게 거절한다. 대신 도움을 줄 수 있는 사람을 추천한다.

공격성: 부탁한 사람에게 무시하거나 업신여기는 태도로 "싫어, 안 돼!"라고 소리친다.

무례하지 않고 품위 있게 거절하기

이제 강한 자기주장과 공격성의 차이를 충분히 이해

했을 것이다. 흔히 공격성에는 충동적인 면이 있다. 공격적인 사람은 상대방에게 적대적으로, 혹은 배려 없이 반응하며, 뒤늦게 자신의 행동을 후회한다.

반면에 자기주장이 강한 사람은 사전에 계획하고 사려 깊게 행동하며, 상대를 배려한다.

자기주장이 강한 사람은 상대방의 기분을 생각하면서 자신의 의견을 명확하게 밝힌다. 공격적인 사람은 목소리가 크고, 자기 의견을 고집하며, 자기 중심적이다. 자기주장이 강한 사람은 우아하게 자기 생각을 전달하는 법을 안다.

06

죄책감 없이
우아하게 거절하기

타인의 도움 요청에 단순히 "노" 하는 것이야 누구나 한다. 부탁을 받으면 누구나 거절할 수 있다. 문제는 거절하면서도 죄책감이 들지 않아야 하고 관계가 틀어지지 않아야 하며, 당신의 결정이 존중받아야 한다.

이 책은 죄책감 없이 우아하게 거절함으로써 관계도 지키고 당신도 존중받는 것을 목표로 한다.

내가 지금부터 들려줄 상황이 당신에게 친숙한 상황은 아닌지 생각해 보자.

당신은 지금 신경이 곤두서 있다. 할 일은 산더미같이

쌓였고, 전화가 쉬지 않고 울리며, 안 읽은 메일과 메시지가 가득하다. 일은 진전이 없다. 사람들이 당신 자리에 계속 들락날락하며 도움을 요청한다. 한마디로 당신은 일 속에 파묻혀 어쩔 줄 몰라 한다.

바로 그때 또 다른 직장 동료가 당신 자리로 찾아온다. 당신이 얼마나 스트레스를 받고 있는지, 어떤 감정 상태인지 모른 채 당신에게 도움을 청한다. 자신이 곧 겪게 될 당황스러운 일 또한 모른 채.

두고두고 후회할 일을 만들고 싶지 않다면

당신은 온종일 남의 부탁을 들어주었고 이제는 진절머리가 난다. 정작 자기 일은 하지도 못한 채, 동료들의 부탁을 계속 들어주고 있는 자신에게 짜증이 난다.

이때 직장 동료가 다가와 "저 좀 도와줄래요?"라고 부탁한다.

당신은 그를 노려보면서 인상을 팍 쓴 채 이를 악물고 호통을 친다. "지금 시간이 없어요! 나 지금 바쁜 거 안 보여요?!"

그 동료는 할 말을 잃은 채 놀라서 동그래진 눈으로

뒷걸음질 쳐서 간다. 그러면서 간신히 중얼거리듯 말한다. "어, 미안해요."

그런 동료의 뒷모습을 보면서 당신은 바로 미안함을 느낀다. 이 상황에서 당신은 동료의 부탁을 거절할 수 있었다. 그것도 성공적으로 거절할 수 있었다. 그러나 당신의 방식은 동료의 마음을 상하게 했고, 분노와 다른 나쁜 감정까지 유발했을 수 있다. 그래서 나중에 두고두고 후회하게 된다.

부끄럽게도 이 상황은 내 삶의 한 장면이었다. 예스맨이던 시절 나는 여러 번 일에 파묻혀 침착함을 잃었다. 내가 기분이 안 좋을 때 운 나쁘게 내게 걸리는 사람은 누구라도 나의 분노를 고스란히 받아야 했다. 그러고 나서 나는 항상 후회했다.

이 책은 이보다는 훨씬 나은 방법을 제시할 것이다. 이 책을 읽은 후 당신은 상대방의 부탁을 우아하면서도 능숙하게, 그리고 무엇보다도 죄책감 없이 거절할 수 있는 모든 무기를 손에 넣을 수 있게 될 것이다.

How To Say No

The Art of Saying NO

제2부

거절은 힘들어

차라리 다 들어주고
말겠다는 심리

"확신에 찬 거절은 상대방을 기쁘게 해주는 승낙이나,
최악의 경우 문제를 회피하기 위해 내뱉는 승낙보다
훨씬 낫다."
- 마하트마 간디(Mahatma Gandhi)

07

"노(No)"라는 짧은 단어가 가진 위력

'노(No)'는 영어에서 가장 짧은 단어 중 하나지만, 그 단어가 가진 위력은 너무나 강력하다. 그래서 많은 사람이 그 말을 감히 입 밖으로 꺼내지 못한다.

"노"라고 충분히 말할 수 있는 상황에서도 우리는 본능적으로 별말 아닌 것처럼 말을 흐리거나, 변명을 늘어놓고 심지어 사과까지 한다.

어째서 이렇게 짧은 단어에 이처럼 엄청난 힘이 있을까? "노"라고 말하기가 왜 그토록 어려울까?

제2부에서는 "노"라며 거절하기가 힘든 가장 흔한 이

유들을 알아본다. 그중에는 당신에게도 해당하는 이유가 분명 있을 것이다. 앞으로 알게 되겠지만, 사실 나는 앞에서 말한 이유 중 거의 대부분을 직접 경험했다.

사람들은 성장 과정에서 대부분 부탁을 거절하는 것이 무례하고 이기적인 행동이라고 배우게 된다. 이런 생각이 우리 가치관에서 큰 부분을 차지한다.

따라서 우리는 어릴 때도 그랬고 성인이 되어서도 상당한 시간을 들여 좀 더 명예롭고 존경할 만한 모습으로 살기 위해 노력한다.

그 결과는 어떤가?

갈수록 좌절감과 씁쓸한 기분이 들면서, 내 안에 분노가 쌓여도 우리 주변에 있는 모든 사람에게 '예스(Yes)'를 외치며 산다.

이제 우리는 거절이 두려운 이유에 대해 배울 것이다. 그런 이유는 겉으로는 잘 드러나지 않는다. 그러나 일단 그 이유를 알게 되면, 거절은 나쁜 행동이고 거절하는 사람은 냉정하고 이기적인 사람이라는 잘못된 생각에서 벗어나는 여정의 첫걸음을 떼게 될 것이다.

자, 이제 그 여정을 시작해 보자.

08

상대방의 기분을
상하게 하고 싶지 않다

기분을 나쁘게 할 의도가 없었는데도, 상대방은 기분 나빠하는 경우가 가끔 있다. 예를 들어 도움을 요청한 사람에게 거절로 답했을 때 그는 기분 나쁜 반응을 보인다. 아마 당신도 이런 상황을 겪었을 것이다.

누군가가 당신에게 시간이나 돈을, 때로는 관심을 달라고 요구한다. 그리고 당신은 이를 정중하게 거절한다.

도움을 요청한 사람은 즉각적인 반응을 보인다. 그의 감정이 얼굴에 여과 없이 드러난다. 눈썹을 잔뜩 찌푸리고 인상을 쓴 채 입을 꽉 다문다. 그는 자기 마음이 상했고 화가 났다는 사실을 숨김없이 드러낸다.

그는 기분이 상한 것이다. 게다가 "무례하군요!"라는 말까지 할지도 모른다.

이쯤 되면 당신이 느낄 일말의 죄책감도 충분히 상상이 간다. 자리를 뜨는 그의 모습에 불쾌한 감정이 여실히 드러나고, 당신은 자신이 뭔가 잘못했다는 느낌을 지울 수가 없다.

상대의 분노는 당신 탓이 아니다

이제 논리적으로 이 상황을 분석해 보자. 우선, 상대방이 표현하는 분노의 본질을 이해할 필요가 있다. 분명한 것은 당신이 도덕적으로 잘못해서 상대방이 분노하는 것이 아니다. 그의 분노는 부당하거나 악한 행동에 대한 반응도 아니다.

이 상황에서 기분이 상했다는 것은 당사자의 불안한 심리가 원인이다. 당신이 거절한 것을 상대방은 자기 개인에 대한 거절로 받아들인 것이다. 그 결과 마음이 상해서 분노라는 반응을 보였다.

나는 이 사실을 깨닫기까지 오랜 시간이 걸렸다. 이

깨달음을 얻게 되자 모든 것이 달라졌다.

내가 누군가의 부탁을 거절하더라도 상대방을 존중하는 마음만 있다면 아무리 상대방이 기분 나빠해도 내 잘못이 아니다. 이 사실을 깨닫게 되자 나는 자유로워졌다. 남의 부탁을 거절하기가 무서웠던 두려움에서 해방된 것이다.

지금까지 살아오면서 당신이 거절했을 때 기분 나빠하던 사람들을 떠올려 보라. 나중에 그의 부탁을 또 거절하게 될 때 당신의 마음을 잘 들여다보라.

죄책감이 드는가? 당신이 뭔가 잘못했다는 생각이 드는가?

당신은 죄책감을 느낄 이유가 전혀 없다. 상대방을 예의 바르고 솔직하게 대했다면, 상대방이 나쁜 기분을 느끼는 건 당신 책임이 아니다.

09

주변 사람을
실망시키고 싶지 않다

당신이 나와 같다면, 당신은 남들을 실망시키고 싶지 않을 것이다. 당신의 말이나 행동에 상대방이 슬픈 표정을 지으면 당신은 어쩔 줄 몰라 한다. '나 때문일지 모른다'는 생각만 해도 몸서리치게 싫다.

단지 머리로만 인지하는 게 아니라, 본능적으로도 그렇게 느낀다.

그러나 그것은 근거 없는 죄책감이다. 당신이 상대방의 부탁을 거절했을 때 그가 실망했다면, 그건 당신의 책임이 아니다.

이를 완전히 사실로 받아들이려면 상대방이 실망하게 되는 과정을 이해해야 한다.

실망하는 건 자신의 기대 때문이다

실망은 기대가 충족되지 않을 때 발생한다.

지금까지 살면서 실망했던 순간을 떠올려 보라. 예상했던 결과가 나오지 않았을 때 분명히 실망했을 것이다.

예를 들어 어느 음식점을 좋게 평가한 기사를 읽은 후 그곳을 방문했는데, 음식과 분위기 모두 실망스러웠던 경험이 있을 것이다. 당신이 실망한 건 충족되지 않은 당신의 기대감 때문이다.

또 다른 예로 당신의 자녀가 전부 A 학점만 받을 거라 기대했는데, 성적표에서 B나 C 학점을 발견하고 놀란 경험이 있을 것이다. 그럴 때 실망감을 느낄 가능성이 크다. 회사에서 승진을 기대하고 있었는데 승진에서 누락되어도 실망하게 된다. 당신의 기대가 충족되지 않았기 때문이다.

그렇다면 당신이 다른 사람의 부탁을 거절했을 때 실망감이 어떻게 작용하는지 생각해 보자.

직장 동료가 당신에게 도움을 요청했다고 가정해 보자. 당신은 해야 할 일이 이미 산적해 있어서 동료의 부탁을 거절한다. 그러자 동료는 실망한 기색이 역력하다.

이때 동료의 실망감은 당신 잘못 때문인가? 아니면 동료가 애당초 당신이 도와줄 능력과 마음이 있을 거라는 현실성 없는 기대, 어찌 보면 부당하기까지 한 기대를 한 탓일까?

만약 당신이 과거에 그 동료에게 도와주겠다고 약속한 적이 없다면, 후자가 거의 확실하다. 그렇다면 동료가 느끼는 실망감은 당신의 탓일 수 없다. 이 사실을 인정하면 나의 거절이 상대를 실망하게 할 수 있다는 두려움을 떨쳐버리기가 더 쉬워질 것이다.

상대방이 느끼는 실망감은 당신의 잘못도, 책임도 아니라는 사실을 이제 이해했길 바란다. 그리하여 남들의 부탁과 요청을 다 들어주지 않을 수 있는 용기를 얻기 바란다.

10

이기적인 사람으로
비치기 싫다

사람들은 대부분 남의 시선에 신경을 쓴다. 나는 좋은 사람이자, 남을 배려하고 돕는 사람으로 인식되길 바란다. 그래서 행동을 통해 내가 좋은 사람처럼 보이려고 애쓴다.

예를 들어 공공건물에서 다른 사람이 지나가도록 문을 잡아준다. 마트 계산대 앞에서 줄을 서서 차례를 기다리는 동안 낯선 사람이 말을 걸어오면, 미소를 지으며 인사하고 가끔은 수다도 들어준다. 도와달라는 부탁을 받으면 본능적으로 승낙한다.

그렇지 않은 사람을 이기적이라고 생각하는 경향이 있다. 그리고 우리는 다른 사람이 나를 이기적인 사람으로 생각하길 원치 않는다.

이 같은 사고방식은 충분히 이해되지만, 한편으론 그릇된 생각이기도 하다. 심지어 이런 생각 탓에, 우리의 시간과 관심이 요구되는 여러 일 중에서 우선순위를 잘못 결정하는 오류를 범하게도 된다. 내 시간과 관심을 기울여야 할 일이 많은데 그런 생각 때문에 어떤 일에 시간과 관심을 쏟을지 잘못된 결정을 내리는 것이다.

우리는 누구나 제한된 시간을 살아간다. 누군가의 부탁을 승낙한다는 것은 다른 누군가를, 혹은 다른 일을 거절하는 것과 같다. 누군가의 부탁을 거절할 때마다 다른 누군가나 다른 관심사에 마음을 쓸 시간과 여유가 생긴다.

이런 관점에서 봤을 때 거절이 정말 이기적인 행동일까?

나는 그렇지 않다고 생각한다.

내 경험을 예로 들어보겠다.

남을 돌보기 전에 자신을 돌보고 있는가?

앞서 이야기했듯이 친구들이 이사할 때마다 나는 항상 돕는 사람이었다. 나는 소형 트럭이 있었고 예스맨 성향도 강해서, 친구들은 도움이 필요하면 제일 먼저 나를 찾았다.

그러나 불행히도 내가 친구들을 도와주느라 시간을 써버린 탓에 내 가족을 돌볼 시간이 없었고, 내 공부나 내가 좋아하는 취미 생활을 할 시간이 없었다.

다른 사람들을 돌보느라, 뻔히 알면서도 나 자신을 방관했고 내 가족의 일을 방관했다. 나의 학업을 뒤로 밀쳐두었다. 내가 좋아하는 일을 할 수 없어서 스트레스를 받고 불행하다고 느꼈다.

그런 내 삶의 방식은 정말 끔찍했다.

자기 자신을 돌보는 행동은 이기적인 행동이 아니라 필요한 일이다. 계속해서 남의 부탁을 들어준다면 남의 일을 자신의 일보다 중요시하는 것이 되고, 그러면 자신을 돌볼 시간이나 에너지가 없어진다. 그러면 당신은 짜증이 나면서 냉소적으로 바뀌고, 끔찍한 감정을 느끼게 될 것이다.

다시 말하지만 그런 삶의 방식은 정말 끔찍하다. 사람들의 부탁을 거절하면 그들은 당신을 이기적이라고 생각할까?

물론이다. 그러나 그들의 생각은 당신이 컨트롤할 수 있는 게 아니다. 무엇보다도 그들이 당신을 이기적이라고 생각한다고 해서 그게 당신의 책임은 아니다.

당신이 할 수 있는 가장 책임 있는 행동은 남을 돌보기 전에 당신 자신을 먼저 돌보는 것이다. 그러기 위해서는 다른 사람들의 부탁과 요청을 거절해야 한다.

당신의 시간과 에너지, 관심을 다른 사람을 위해 다 소모한다면, 당신 자신을 위해 쓸 것은 없다. 그리고 그런 삶은 결코 보람 있는 삶이 아니다.

11

남을 도울 때의 행복이
너무 짜릿하다

가장 최근에 남을 도왔던 순간을 생각해 보자. 분명 기분이 좋았을 것이다. 당신의 행동이나 충고로 그가 행복한 하루를 보내게 되고, 덕분에 당신의 기분도 날아갈 듯 좋았을 것이다.

이런 이유로 많은 사람이 남을 돕고 싶어 한다. 자신이 누군가의 행복에 일조했다는 사실 자체만으로도 가슴이 벅차오른다.

사실 이런 감정은 중독성이 있다. 그래서 어떤 이들은 자신의 필요와 책임을 뒷전에 밀쳐두면서까지 남을 도울 방법을 찾는다.

그들은 마치 돌봄 전문가라도 된 듯 주변에 도움이 필요한 사람이 없는지 찾아다닌다. 부탁을 받으면 두 팔을 걷어붙이고 기회를 놓칠세라 달려든다.

이처럼 남을 도와주고자 하는 욕구는, 내가 그들을 매우 아낀다는 사실을 드러내고 싶은 심리에서 비롯된다. 우리가 가족이나 친한 친구를 도와주는 것은, 그들이 내게 매우 소중한 존재라는 사실을 보여줄 가장 손쉬운 방법이기 때문이다.

남의 문제 해결은 당신 책임이 아니다

어떤 사람은 '짠' 하고 나타나서 궁지에 빠진 사람을 구하는 '백기사' 역할을 하고 싶은 충동 때문에 남을 돕고 싶어 한다.

또 다른 부류는 남을 도움으로써 자신의 부족한 부분을 채울 수 있다고 생각한다. 남을 돕고 고맙다는 인사를 받으면 자신의 모습에서 마음에 들지 않는 면을 잊을 수 있다고 생각한다.

이런 이유들은 충분히 이해가 된다. 그러나 이런 상태

를 마냥 그대로 두었다가는 우리는 자신에게 중요하고 필요한 일들을 계속 제쳐두게 될 것이다.

물론 남을 돕는 것은 자랑스러운 일이다. 그러나 우리 각자에게 주어진 자원은 무한정하지 않다. 우리가 쓸 수 있는 시간과 돈과 에너지는 정해져 있다. 내가 가진 자원을 어떻게 쓸지 신중히 생각해야 한다.

앞으로도 당신의 도움으로 이득을 보는 사람은 항상 있을 것이다. 당신이 돕겠다고 하면 기꺼이 도움받을 사람이 항상 있을 것이다.

꼭 기억하자. 다른 사람의 문제를 해결해 주는 것은 당신 책임이 아니다. 당신은 당신 자신과 당신을 의지하는 사람들(특히 가족)에 대한 책임이 있다.

남을 도와주면 안 된다는 말이 아니다. 오랫동안 남을 도울 수 있는 최고의 방법은 당신 자신의 필요를 먼저 돌보는 것이다. 다시 말해, 자신을 돌보는 일이 남을 돌보는 일보다 반드시 우선돼야 한다.

12

낮은 자존감에 조종당하고 있다

자존감이란 미끄러운 비탈길과 같다. 우리는 때로 자신감이 넘쳐서 마치 세계도 정복할 수 있을 것 같은 기분이 들곤 한다. 또 어떤 때는 극도의 불안감에 휩싸여 자신은 아무런 행동도 취할 수 없는 존재로 깎아내리기도 한다.

이런 감정들은 자존감에 영향을 미친다. 우리의 자아상에 영향을 미치고, 자기 효능감을 형성한다. 자기 확신이 없을 때 자신은 부족한 존재라는 생각이 들며, 이런 생각이 지나치면 수치심까지 느낀다.

이런 영향을 인식하는 게 중요한 이유는, 낮은 자존감이 타인의 요청에 거절하는 것을 방해하기 때문이다. 자존감의 작동 원리는 다음과 같다.

낮은 자아상에 짓눌려 나의 시간이 다른 사람의 시간보다 가치가 떨어진다는 잘못된 사고를 가지게 된다. 나의 목표와 관심사가 다른 사람의 것보다 덜 중요하다는 그릇된 생각을 가지게 된다. 나의 가치가 주변 사람의 가치보다 낮다고 생각한다.

이런 논리를 볼 때, 남을 나보다 앞에 두는 경향은 놀라운 일이 아니다. 누군가 내게 부탁했을 때, 내가 해야 할 일을 생각하면 분명히 거절해야 마땅한 상황인데도 거절하지 못하는 행동이 충분히 이해가 된다.

이는 해결하기 쉽지 않은 문제다. 수많은 사람이 낮은 자존감 때문에 오래도록 이런 식으로 행동한다. 평생 이렇게 살아온 사람도 있다. 자아상을 바르게 세우기 위한 노력은 수많은 난관에 부딪히고 오랜 시간이 걸리는 과정이 될 것이다.

"노"라고 말할수록 자기 효능감이 향상된다

그러나 남의 부탁을 거절하게 되면 실제로 자기 효능감이 향상된다. 남의 부탁을 거절하면 거절할수록 자신의 시간과 노력과 열망이, 부탁한 사람의 시간과 노력과 열망 못지않게 중요하다는 사실을 절실히 깨닫게 된다.

이런 깨달음은 당신의 자존감 고양에 의미 있는 한 걸음이 될 것이다.

감정 문제를 다루거나 해결하는 것은 이 책의 목적이 아니다. 나는 당신이 강력하게 자기주장을 펼치고, 남을 기쁘게 하고 싶은 충동을 이겨내도록 도움을 주고자 한다.

책에서 배운 대로 목적의식을 가지고 우아하게 남의 부탁을 거절할 때 자신의 신념을 굽히지 않고 나아갈 수 있다는 자신감을 얻을 수 있을 것이다.

13

남들이 나를
좋아해 주길 바란다

　남들이 나를 좋아해 주기를 바라는 마음은 만국 공통의 욕구다. 남들이 나를 매력적인 사람이라고 느끼고 신뢰하며, 나와 함께 보내는 시간을 좋아하길 누구나 바란다.
　우리는 이런 욕구를 가지고 태어난다. 이 욕구는 우리가 인간관계를 쌓아가는 방식이기도 하다. 우리는 남들에게 받아들여지길 바라며, 그들과 관계를 맺고 공감하려고 노력한다.
　따라서 우리는 "노"라고 거절해야 마땅한 상황인데도

오히려 "예스"라고 말할 때가 빈번한데, 이는 그리 놀라운 일이 아니다. 사람들에게 인정받고 싶은 마음에서 나오는 본능적인 반응이기에 그렇다.

더는 남들의 호구로 살지 말라

나는 고교 시절에 친구들이 나를 좋아해 주길 간절히 원했다. 그래서 친구들이 내게 부탁할 때마다, 그것이 시간이나 노력 또는 돈이 들어가는 일인데도 나는 기다렸다는 듯이 바로 승낙했다.

당시 나의 예스맨 기질은 절정을 치닫고 있었다. 거절한다는 것은 사람들로부터 인정받을 기회를 포기한다는 것을 의미했기 때문에 나는 거절할 수도 없었.

이것은 나만의 약점이 아니다. 인정하고 싶지 않겠지만, 사실 많은 사람이 같은 문제로 힘들어하고 있다.•

그러나 인정받고 싶은 욕구가 바로 예스맨이 되는 원인이라는 사실을 직시하는 것이 중요하다.

• 부끄러운 내 경험담을 나누게 되어 기쁘다. 이는 내가 과거로부터 졸업했다는 증거이기 때문이다. 예스맨의 습관을 내가 극복할 수 있었다면 여러분도 충분히 극복할 수 있을 것이다.

행동의 원인을 알게 되면 그 원인에 대해 생각해 보고, 자신의 가치관에 맞게 결정하려고 노력할 수 있다.

만일 남들이 당신을 좋아해 주길 바라는 마음에 습관적으로 남의 부탁을 들어주고 있다면 이 책을 계속 읽어보기 바란다. 앞으로 예스맨의 충동을 버리는 방법과, 그 과정에서 당신의 시간과 에너지와 존엄성을 어떻게 되찾을지 보여주겠다.

목적을 가지고 침착하게 거절하는 방법을 배우면, 당신의 친구와 가족과 동료의 눈에 비치는 당신의 위상은 실제로 높아진다. 더는 당신을 자기들 마음대로 해도 되는 호구로 생각하지 않게 된다. 오히려 당신은 그들의 존경과 신뢰를 얻게 될 것이다.

14

내 진가를 알아봐 주는
느낌이 좋다

 가장 최근에 당신이 누군가에게 도움을 주었던 경험을 떠올려 보자. 그는 당신에게 조언을 구했을 수 있다. 어쩌면 당신의 의견을 물어보았을 수도 있다. 또는 어떤 식으로든 자신에게 유익한 정보를 얻기 위해 당신에게 접근했을 것이다.
 당신은 기분이 좋았을 것이다. 안 그런가? 누군가가 자신의 진가를 알아봐 준다는 건 기분 좋은 일이다.
 우리는 누구나 다른 사람에게 중요한 사람으로 인정받길 바란다. 자신이 중요하고 필요한 사람이라는 느낌을 좋아한다. 짧은 순간일지라도 다른 사람들의 눈에 실제보다 더 대단한 사람으로 보이고 싶다.

그러나 여기에는 문제가 있다. 이 기분에 취해서 자신의 가치를 입증할 수 있고 자신이 중요한 사람이라는 이미지를 더욱 강화해 줄 기회를 계속해서 찾게 되는 것이다. 이런 성향 때문에 부탁을 거절해야 마땅한 순간에 수락해 버리게 된다.

우선순위에서 당신이 밀리는 동기는 무엇인가?

직장 동료가 당신에게 보고서 작성을 도와달라고 부탁하면서, 당신은 그 분야의 전문가라고 치켜세운다.

만약 당신이 높은 가치를 지닌 사람처럼 보이는 게 중요한 사람이라면, 동료가 당신을 전문가로 지목해 준 건 잠깐이나마 날아갈 듯 기쁜 일일 것이다. 당신은 동료의 부탁을 들어주면서 전문가라는 이미지를 굳히고 싶을 것이다. 비록 당신이 해야 할 일을 뒷전으로 미뤄둘지라도 말이다.

예를 들어 친구가 당신에게 이사를 도와달라고 부탁하면서 당신의 도움은 더없이 값질 것이라고 말한다. 자신이 중요한 사람이라고 느껴지면 기분이 좋다. 그래서 친구가 당신을 계속해서 가치 있는 사람이라고 생각하길 원한다. 그래서 당신은 친구를 돕겠다고 말한다.

하지만 안타깝게도 친구의 부탁을 들어주려면 당신의 시간을 써야 한다. 친구의 부탁을 들어줄 때 소요되는 그 시간은 당신에게 더 중요한 일, 예를 들어 배우자와 아이들과 함께할 수 있는 시간이다.

그렇다고 해서 부탁을 항상 거절하라는 말은 아니다. 그것은 이 책의 목적이나 취지에도 맞지 않는다.

다만, 나는 당신의 우선순위에서 당신이 다른 사람에게 밀려나는 동기가 무엇인지 인식하길 바라는 것이다. 단지 그들 눈에 당신이 중요한 사람처럼 보이고 싶어서, 남들의 부탁을 자주 들어주는 건 아닐까?

앞서 말했듯이 남을 돕는 건 존경받을 일이다. 그러나 잘못된 동기로 남을 돕다 보면 나쁜 습관이 더 강화되고, 결국에는 억울함과 분함에 사로잡힐 것이다.

이제 나는 훨씬 좋은 방안을 제시하겠다.

15

좋은 기회를 놓칠까 봐 불안하다

 사장님의 부탁에 "노" 하면 임금인상이나 승진에서 불이익을 받을까 봐 "예스"라고 답한 적이 있는가? 친구의 부탁을 거절하면 보람 있는 인생 경험을 놓칠까 봐 부탁을 수락한 적이 있는가?

 이는 좋은 기회를 놓치고 싶지 않은 마음(fear of missing out)으로, 흔히 줄여서 '포모(FOMO)'라고 한다. 포모란 좋은 기회를 놓칠 가능성 때문에 느끼는 불안감을 뜻한다. 그리고 이는 거절이 더 나은 결정임을 알면서도 거절하지 못하고 수락하는 흔한 이유에 해당한다.

만약 직장에서 당신이 새로운 프로젝트를 맡지 않겠다고 거절하면, 당신의 경력 성장에 걸림돌이 될지 모른다는 불안감에서 프로젝트 합류를 승낙한다. 친구들과 가치 있는 경험을 놓칠 수도 있다는 두려움 때문에 함께 활동에 참여하겠다고 약속한다.

소셜미디어는 이런 경향을 더욱 강화한다. 우리는 쉼 없이 페이스북을 통해 남들의 경험담을 읽으며, 자신은 페이스북에 올릴 만한 경험이 없다고 자책한다.

결국 우리는 소외감을 느끼지 않기 위해 남의 부탁을 들어준다.

포모에서 벗어날 생각의 전환이 필요하다

이처럼 모든 기회를 다 잡으려고 노력한 결과는 흥미롭다. 집중력이 떨어지고 좌절감을 느끼면서 전혀 행복하지 않다. 도대체 왜 그러는 걸까?

자기에게 중요하지도 않은 일을 너무 무리하게 시도해서 그렇다.

기회를 잡으려는 것이 문제가 아니다. 문제는 우리가 잘못된 기회와 올바른 기회를 구분하지 못한다는 데 있다.

기억하자. 하루에 주어진 시간은 정해져 있고, 모든 일을 다 할 수는 없다. 그러니까 어떤 일을 하기로 결정하면, 저절로 다른 일은 하지 않는 것이 된다.

얻는 기회가 있으면 놓치는 기회도 있는 법이다. 이것이 우리가 거절을 배워야 하는 중요한 이유 중 하나다.

하나의 기회를 거절하면 나중에 정말 가치 있는 기회로 판명 날 또 다른 기회를 잡을 자유가 생긴다.

습관을 바꾸려면 생각이 바뀌어야 한다. 나의 목표와 관심사에 맞는 기회를 계속 주시하면서 포모에서 벗어날 생각의 전환이 필요하다.

16

정서적인 학대에
굴복하고 만다

우리는 살면서 "노"라는 답을 절대 용납하지 않는 사람들을 종종 만나게 된다. 그들은 수단과 방법을 가리지 않고 "예스"라는 답변을 기어코 받아낸다. 심지어 정서적인 학대를 가해서라도 자기 뜻을 관철한다.

정서적인 학대는 자신의 목적 달성을 위해 남에게 두려움, 분노, 또는 자괴감을 느끼게 만드는 행위다. 정서적인 학대는 다양한 방법으로 이루어지는데, 대략 다음과 같다.

- 호통치기
- 소리치기
- 욕하기
- 협박하기
- 모욕하기
- 수치심 주기
- 왕따 시키기
- 비난하기

정서적인 학대를 가하는 자는 위와 같은 방법들을 사용함으로써 상대방에게 죄책감, 두려움, 수치심과 당혹감을 유발하고자 한다. 이런 부정적인 감정을 경험한 사람은 결국 가해자에게 굴복할 수밖에 없다고 믿고 그러는 것이다.

피학대자는 학대를 중단시키기 위해서라도 학대자의 요구를 들어주게 된다.

당신을 조종하려는 심리를 인지하라

정서적 학대자는 자신이 무슨 짓을 하는지 안다. 자

신이 상대방을 조종하려 든다는 것도 안다. 자신의 행동이 무례하고 부당한 일이라는 것도 안다.

  이 사실을 기억하는 것이 중요하다. 왜 그럴까?

  왜냐하면 이 사실을 알고 있으면 피해자는 이런 종류의 괴롭힘에 맞설 힘이 생기고, 가해자의 성격 문제를 지적할 수 있는 여유가 생기기 때문이다. 또 가해자가 피해자의 동의를 끌어내려 할 때 피해자는 단호하게 거절할 수 있는 자신감이 생기기 때문이다.

  예를 들어 당신은 직장 동료의 부탁을 거절했고, 당신의 업무를 처리할 시간을 충분히 확보하게 되었다. 그런데 이때 동료가 당신에게 욕을 하고 고성을 지른다.

  이 상황을 현명하게 대처하는 방법 중 하나는, 그 동료에게 그의 반응이 부적절하고 프로답지 못하다고 말하는 것이다. 그의 행동은 문제 해결에 도움이 되지 않는다고 부연한다. 고함치고 욕을 한다고 해서 실제로 그의 뜻대로 문제가 잘 해결되었던 경우가 있으면 말해 보라고 차분히 요구할 수도 있다.

  다시 말해, 상대방과 똑같이 소리를 지르거나 욕설을 하면서 진흙탕 싸움을 하지 말자.

  정서적 학대자는 알면서도 의도적으로 상대방의 감

정을 조종하려 한다.

당신이 이 사실을 인지하고 있으면 학대자의 전술에 덜 휘둘리게 될 것이다. 수치심, 두려움, 죄책감, 당혹감 따위는 더는 느끼지 않을 것이며, 당신을 괴롭히는 사람이 소리치고 욕하는 행동은 그의 성격적 결함의 증거임을 깨닫게 될 것이다.

그럼 당신은 훨씬 더 쉽게 자기주장을 펼치고 당신의 입장을 고수할 수 있다.

17

갈등과 충돌이 싫다

많은 사람이 갈등과 충돌에 대한 불안감으로 "노"하기를 힘들어한다. 갈등과 충돌을 극도로 싫어하는 사람들이 있다. 이들은 이를 피할 수만 있다면 어떤 일이든 불사한다.

어떤 요구나 부탁에 "네, 알겠습니다" 하는 것은 갈등과 충돌 가능성을 피하는 가장 쉽고 빠른 방법이다.

내게도 이런 성향이 있다. 나는 어릴 때부터 갈등과 충돌을 혐오하면서 컸다. 나와 대화를 나누는 상대방이 불만스러워하거나, 화가 난 것 같거나, 심지어 약간 실망한 기색만 보여도 나는 그 즉시 상대방을 달래주었다. 내 말 때문에 상대방이 그런 감정을 느끼게 되면 그 즉시 내가 한 말을 취소했다. 이런 상황에서 어떤 식으로 대화가 진행되는지 예를 들어보자.

상대방: "내 부탁 좀 들어줄래?"
나: "물론이지, 부탁이 뭐야?"
상대방: "이번 주 금요일에 나 공항까지 좀 태워줄래?"
나: "미안한데, 이번 주 금요일은 안 돼."
상대방(화를 내며)**:** "뭐라고? 못 도와준다고?"
나(놀란 사슴 눈을 하고)**:** "어…."
상대방(더 화를 내며)**:** "너 앞으로 나한테 아무것도 부탁하지 마!"
나(빨리 갈등을 끝내고 싶어서)**:** "알았어. 진정해. 공항까지 데려다줄게."

나는 상대방의 부탁을 순순히 들어주는 것이 내 생각을 주장하기보다 더 쉬웠다. 그 정도로 갈등과 충돌이 싫었다. 나는 어떻게든 갈등과 충돌만은 피하려고 마지못해 상대방의 요구를 들어주곤 했다.

당신도 내 이야기에 공감할 것이다. 누군가 당신에게 화내거나 실망하는 게 싫어서 마지못해 요구를 들어주는 경우가 있을 것이다.

우리는 친절하게 대하면 갈등하고 충돌할 기회가 줄어든다는 것을 경험으로 안다.

문제는 갈등을 피하려고 상대방에게 굴복하면 당신의 감정이 다른 사람의 감정보다 덜 중요해진 느낌이 강하게 든다는 데 있다. 당신의 감정이 중요하지 않은 게 아니다. 그저 그런 느낌이 들도록 상황이 만들어졌을 뿐이다.

갈등은 서로 다른 의견의 표현일 뿐이다

갈등과 충돌의 두려움을 극복하기 위해 당신이 할 수 있는 작고 간단한 일이 있다.

첫째, 항상 화합할 수는 없다는 점을 인식하자. 사람들의 의견과 필요와 욕구는 서로 부딪친다. 사람 간의 마찰은 불가피한 일이다.

둘째, 갈등과 충돌이 꼭 나쁜 것은 아니라는 점을 기억하자. 갈등과 충돌은 서로 다른 의견의 표현일 뿐이다.

갈등과 충돌에 어떻게 반응하느냐는 완전히 별개 문제다.

셋째, 작은 일부터 거절하는 연습을 하자. 갈등이 벌어지지 않을 것 같은 상황에서 연습을 시작해 본다. 예를 들어 옷가게에서 마음에 들지 않는 옷을 안 사겠다고 점원에게 말한다.

그러다가 거절했을 때 큰 반응이 나올 수 있는 상황에서 거절해 본다. 예를 들어 중고차 영업사원에게 자동차가 마음에 들지 않으니 안 사겠다고 말하는 것이다.

이처럼 저위험 상황부터 시작해 고위험 상황까지 거절하는 연습을 하다 보면, 갈등과 충돌에 대한 내성을 기를 수 있다.

근육은 계속 쓸수록 튼튼해지는 것처럼, 갈등과 충돌에 대한 내성도 계속 연습하면 단단해질 수 있다.

결국, 아무리 자신의 요구가 관철되지 않으면 화를 잘 내는 사람을 만날지라도, 당신은 한결 편하게 "노" 할 수 있게 된다.

18

나도 모르게 키워온 예스맨 습관

예스맨 습관이 몸에 밴 사람이 많다. 이는 오랜 기간에 걸쳐 학습된 습관으로, 학습 기간이 길수록 습관이 고착되어 본능이 된다. 나도 모르게 무의식적으로, 자동으로 그런 본능에 동의하고 있는 셈이다. 말하자면, 누군가 도움을 청할 때 그런 반응을 하도록 뇌에 입력되어 있다.

가장 최근에 당신이 아무 관심도 없는 일을 돕겠다고 말한 일을 떠올려 보라. 부탁을 들어주면 당신에게 어떤 파장이 생길지 생각하기도 전에 먼저 승낙부터 했나?

이것은 학습된 행동이다.

여기에는 여러 가지 요인이 있다. 예를 들어 어린 시절 "예스"로 반응하면 부모님이나 선생님 등 권위 있는 인물의 칭찬을 받는다는 것을 학습했을 수 있다.

"예스"로 반응할 때 다른 사람이 행복해지고 그 결과 자기 효능감을 느낄 수 있음을 발견했을 수도 있다.

당신이 동료의 부탁을 들어주었을 때 그가 당신을 좀 더 자신의 편으로 인정한다는 점을 발견했을 수도 있다.

이런 '학습된 경험'은 우리에게 강력한 영향을 미친다. 남의 부탁을 들어주었을 때 칭찬, 자기 효능감, 사회적 포용 같은 단기적인 혜택을 누릴 수 있다는 학습된 경험이, 남의 부탁을 수용하도록 우리를 훈련시킨다.

학습된 경험이 많을수록 그런 결과를 반복하려는 우리의 욕구는 더욱 커진다. 우리는 그다음 '미션'을 찾아다니는 중독자가 되는 것이다.

그러나 다행히도 모든 습관이 그렇듯 본능적으로 "예스" 하는 습관 또한 학습하기 이전 상태로 되돌릴 수 있다. 그 습관은 삭제될 수 있다. 자기 뇌의 회로를 재구성함으로써 우리에게 접수되는 부탁들에 대해 좀 더 신중한 결정을 내릴 수 있다.

자동으로 "예스" 하는 습관의 회로 끊기

언제나 그렇듯 핵심은 변화를 향한 작은 발걸음이다.

우선, 곧바로 "예스" 하지 않기에만 집중한다. 잠시 부탁받은 내용을 생각해 보고, 부탁을 들어주었을 때 당신의 하루에 어떤 영향을 미칠지 생각해 본다. 본능적인 반응을 도중 차단하면 습관의 회로가 쉽게 끊어질 수 있다.

그런 다음, 당신이 그 부탁을 들어주려는 이유를 곰곰이 따져본다. 타당한 이유인가? 혹시 상대방의 인정을 받으려는 욕망 때문은 아닌가? 당신의 가치를 증명하기 위해 상대방이 필요한 것은 아닌가? 상대방의 친구 무리에 소속되는 것이 중요한 때문은 아닌가?

이렇게 자문해 봄으로써 자동으로 "예스" 하는 태도가 매우 사소한 동기에서 생긴 것임을 깨달을 수 있다.

몇 년에 걸쳐 반복적으로 사용하면서 몸에 밴 습관을 되돌리기란 쉬운 일이 아니지만, 확실히 가능한 일이다. 가장 중요한 첫 번째 단계는 그런 습관의 존재를 인식하는 것이다.

깜짝 퀴즈

당신의 '예스맨 지수'는 몇 점?

당신은 사람들의 부탁에 얼마나 "예스"를 외치고 있나? 이 물음에 진지하게 답해 보자. 정도의 차이는 있지만 많은 사람이 남의 비위를 맞추는 문제와 씨름하고 있다. 남의 비위를 맞추는 성향을 편의상 '예스맨'이라고 하자.

다만, 이따금 예스맨이 되는 사람과 만성적인 예스맨 사이에는 큰 차이가 있다.

이제 예스맨 지수를 측정하는 척도를 소개하겠다. 당신은 어디쯤 있는지 확인해 보라.

예스맨 지수를 측정하는 15개 문장을 다음 쪽 표와 같이 제시한다. 각 문장을 읽은 후, 1부터 5까지 점수를 매겨보라. 당신에게 전혀 해당하지 않는 문장에는 1을, 완전히 진실인 문장에는 5를 적는다. 만일 어느 정도 진실인 문장이라면 정도에 따라 2, 3, 4 중 하나를 적는다. 점수가 높을수록 좀 더 진실에 가깝다.

15개 문장에 매긴 점수를 총 합산한다. 집계한 결과에 대한 해설은 뒤에서 자세히 설명한다. 남을 위해 당신이 얼마나 자신의 필요와 우선순위를 포기하고 있는지를 알게 될 것이다.

●● 예스맨 지수 검사표

번호	문항	점수
1	나는 뭔가 강한 감정이 들어도 속마음을 절대 말하지 않는다.	
2	나는 기분이 나빠도 늘 미소를 짓고 남들에게 친절하게 대해야 한다고 생각한다.	
3	나는 갈등이 빚어지는 게 두렵다.	
4	나는 나 자신을 위해 뭔가를 할 때마다 내가 너무 이기적이라고 느낀다.	
5	나는 친구, 동료, 가족, 심지어는 낯선 사람들이 내 사적 영역을 침해하는 걸 쉽게 용인하는 편이다.	
6	나는 늘 남들이 바라는 모습의 사람이 되길 힘쓴다.	
7	나는 자주 남들의 행복을 위해 내 행복을 희생한다.	
8	나는 남들이 내게 부정적인 감정을 느낄까 봐 불안하다.	
9	나는 남들이 나를 좋아해 주기를 간절히 바란다.	

10	나는 어떤 일에서든 주도권을 잡지 않으려 한다.	
11	나는 거절하는 게 불안하다.	
12	나는 내 결정에 남들이 어떻게 반응할지 걱정하며 그 결정을 열심히 분석한다.	
13	나는 긍정적인 피드백을 받았을 때 기분이 날아갈 듯 기쁘고, 부정적인 피드백을 받았을 땐 절망의 구렁텅이에 빠진다.	
14	나를 학대하고 정서적으로 조종하려는 사람이 있어도, 나는 모두가 선하다고 확신한다.	
15	나는 "노" 하는 즉시 두려움에 사로잡힌다.	
합계		

 자 이제, 당신의 점수를 집계해 보라. 다음 중 당신의 점수에 해당하는 해설을 읽고, 당신이 얼마나 자신을 희생하면서까지 남들의 부탁을 들어주고 있는지 알아보자.

●● 예스맨 지수 점수 해설

◆ 15~30점

 당신은 "노" 하는 것이 별로 어렵지 않다. 시간을 비롯해 당신의 자원을 어떻게 활용할지 합당한 결정을 내리며, 남들이 그 결정을 아무리 비난해도 당신은 꿈쩍하지 않는다. 당신은 자신의 책임과 의무를 다하고 있고, 남들을 기쁘게 하기보다는 자신의 행복을 위한 노력에 우선순위를 둔다.

◆ 31~45점

당신은 때로 개인적이거나 업무적인 상황에서, 자기 목표가 아닌 타인의 목표를 위해 당신이 도움이 된다는 사실을 알고 갈등을 느끼기도 한다.

"노" 하는 것은 당신에게 큰 문제가 아니며, 당신은 남의 부탁을 곧잘 거절한다. 그러나 당신은 내키지 않을 때도 "예스" 한다.

◆ 46~60점

설령 당신이 의식하지 못할지라도 당신은 전형적인 예스맨이다. 당신은 갈등을 극도로 싫어하며, 갈등을 피하려고 최선을 다한다. 다른 사람의 분노, 짜증, 고통, 불쾌감과 맞닥뜨리면 당신은 하던 일을 중단하고 그 사람을 구해주기 위해 나선다. 그를 구해주려면 우선 그의 부탁을 들어줄 수밖에 없다.

◆ 61~75점

아침에 일어난 순간부터 당신이 하는 모든 일은 남들을 행복하게 만드는 방향으로 설정되어 있다. 당신은 자신의 행복, 목표, 책임 따위는 한쪽으로 제쳐두고 다른 사람들을 위해 하루를 산다. 당신은 개인적인 경계선을 허물어뜨려서 누구나 내키는 대로 당신의 사적 영역을 침범하게 한다. 당신이 거절하면 남들에게 부정적인 결과가 돌아갈 수 있으므로, 거절은 상상할 수도 없는 일이다. 사실상 당신은 만성적인 예스맨이다.

당신의 점수가 30점을 넘는다면 '3부 왜 내 거절은 안 통할까?'에서 다루는 전략과 전술이 큰 도움이 될 것이다.

물론 내 조언을 당신의 삶에 적용하는 것은 쉽지 않을 것이다. 예스맨의 습관을 하루아침에 버리기는 어렵다. 그러나 아무리 뼛속 깊이 뿌리박힌 습관이라도 그것을 깨는 건 가능한 일이다. 이 책이 당신의 이런 습관을 바꾸는 데 가이드가 되어줄 것이다.

How To Say No

The Art of Saying NO

제3부

왜 내 거절은 안 통할까?

관계 깰 위험 없이 단번에 먹히는 거절의 전략

"당신의 삶을 최우선으로 삼지 않으면 다른 사람이 당신의 최우선이 된다."
- 그렉 맥커운(Greg McKeown)

"노" 하고 거절하는 법을 배울 때 가장 넘어서기 힘든 장벽은 상대방이 실망할 때 느끼게 될 죄책감, 두려움, 부끄러움 따위를 극복하는 일이다. 이는 절대 간단한 문제가 아니다. 수년간 다져진 습관을 바꾸는 일이기에 그렇다.

자신의 인생 대부분을 남들의 부탁을 들어주는 데 쓰는 사람이 있다. 거기엔 나도 포함된다. 이런 사람들은 자신보다 남을 우선시하는 것이 몸에 배었다. 이런 습관을 뒤집으려면 상당한 시간과 노력이 필요하다.

3부에서 내가 제시하게 될 방법들을 사용할 의지만 있다면, 당신은 서서히 예스맨의 성향을 없앨 수 있다. "노"라고 자주 말할수록 당신의 시간을 좀 더 보람 있고 생산적인 일에 사용하게 된다.

다시 한번 말하지만, 남을 도와주지 말라는 뜻이 아니다. 3부의 목적은 당신이 처한 상황에서 거절이 최선이라는 것을 알았을 때 죄책감 없이 거절하는 방법을 배우는 것이다.

19

돌려 말하지 않고
직설적으로 거절하기

다음 상황을 보라. 어디서 본 듯한 익숙한 장면 아닌가?

누군가 당신에게 도움을 요청한다. 문제는 당신이 너무 바빠서 도와줄 시간이 없다는 것이다. 상대방의 부탁을 거절해야만 한다. 당신이 처리해야 할 업무량을 생각하면 다른 대안이 없다.

그러나 당신은 "미안하지만 도와줄 수 없습니다"라고 말하지 않는다. 대신에 망설이다가 결국 "음… 아마도요. 그런데 제가 조금 바빠서요. 얼마나 시간을 낼 수 있을지 모르겠어요"라고 말한다.

이런 표현은 도움을 요청한 자에게 잘못된 메시지를 보낸다. 상대방은 당신이 다른 일을 하고 있지만, 아마도 자신의 부탁을 들어줄 수 있을 것으로 생각한다. 그는 당신의 말을 당신이 자기 일을 미루고 그의 부탁을 들어주도록 설득당할 수 있다는 신호로 해석한다.

도움을 요청한 자는 이 기회를 놓칠세라 매우 급한 일임을 강조한다. "정말 중요한 일이에요. 지금 당장 당신의 도움이 정말 필요해요!"라고 말한다.

애매모호한 태도가 배려일 거라는 착각

부탁을 받았을 때 보이는 우유부단한 반응은 뜻하지 않게 상대방이 당신을 압박할 빌미가 된다. 상대방은 그런 미적거림을 당신이 아직 결정을 내리지 않았다는 신호로 해석한다. 그는 자신의 목적을 위해 당신을 설득할 수 있다고 인식한다. 당신 일의 마감 시간을 넘기는 건 그에게 중요한 문제가 아니다.

그래서 부탁을 거절할 때는 분명하게 하는 것이 항상 좋다. 에둘러 말하지 말라. 행여 상대방의 마음을 달랠 수 있을까 하여 애매모호한 태도를 취하곤 하는데 그러지 말라(그렇다고 상대방의 기분이 달래지지도 않는다). 대신 상대방의 요청을 받아들일 수 없다는 뜻을 솔직하게 밝히라.

상대방의 부탁을 직설적으로 거절한다고 해서 당신이 무례한 사람인 건 아니다. 사실 상대방은 당신의 솔직함을 고맙게 여겨야 할 것이다. 왜냐하면 그가 당신을 설득하는 시간 낭비를 막아주었기 때문이다. 상대방은 그 시간을 다른 도움을 구하는 데 현명하게 사용할 수 있다.

이때 거절하는 분명한 이유가 있다면 도움이 된다. 그 이유는 당신이 도와주는 게 불가능하거나, 도와줄 의사가 없음을 입증해 준다. 예를 들어 도와달라는 부탁을 받았을 때 다음 두 가지 반응을 살펴보자.

1. "당신을 도와줄 시간이 없어요."
2. "두 시간 안에 마무리해야 할 중요한 보고서를 쓰고 있어서 도와줄 시간이 없어요."

1번과 같은 반응에서 도움 요청자는 부탁에 대한 거절을, 자기 자신에 대한 거절로 받아들일 수 있다. 이는 두 사람의 갈등을 불러오고, 결과적으로 어느 쪽에게도 도움이 되지 않는다.

2번의 반응은 도와줄 가능성을 완전히 배제하는 동시에, 당신의 거절이 타당하고 실제적임을 증명해 준다. 당신이 2번처럼 반응한다면 도움 요청자는 당신의 결정이 마음에 들지 않을 수 있지만, 액면 그대로 받아들일 가능성이 크다.

아무 이유나 대고 싶은 유혹을 뿌리치고, 부탁을 거절하는 이유를 솔직하게 말하라. 안 그러면 당신은 거짓말하는 데 죄책감을 느낄 수 있고, 부탁한 사람은 당신의 진정성을 의심할 수 있다. 결과적으로 부탁한 사람은 당신에게 더 화가 날 수 있다.

최상의 거절 방법은 직접적이고 솔직한 표현, 그리고 상대방을 존중하는 태도다.

20

어차피 안 들어줄 거면
시간 끌지 않기

당신이 누군가에게 도움을 요청했는데 그가 즉답을 피하고 시간을 끌면, 당신의 부탁을 들어줄 의사가 없음을 당신은 바로 알아챈다. 마찬가지로 누군가 당신에게 도움을 요청했는데 당신이 시간을 끌며 답을 미루면 당신이 도와줄 의사가 없음을 그도 곧 알아챈다. 티가 안 날 거라 생각하는데 그렇지 않다.

도움 요청을 받았을 때 많은 사람이 바로 답하지 않고 시간을 끌려고 한다. 사실 도와줄 시간도 에너지도 없다는 것을 본인은 잘 알면서 말이다. 최종 답은 "노"가 될 것을 뻔히 알면서도 직접적인 답변을 하는 대신, 괜히 여지를 남기며 시간만 보낸다.

예를 들어 이렇게 말하는 것이다.

"나중에 답변드려도 될까요?"
"시간이 나면 생각해 볼게요."

이렇게 답하면서 시간을 끄는 이유가 뭘까?

때로는 거절하는 게 마땅한 상황이지만 상대방이 그 거절을 개인에 대한 거절로 받아들이지 않기를 바라는 마음 때문이다.

때로는 두려움 때문이다. 자신의 필요가 상대방의 필요보다 중요하기 때문에 부탁을 거절하는 것인데, 이 때문에 상대방과 마찰이 생길까 봐 걱정하는 것이다. 거절로 인한 부정적인 영향을 줄이고 싶은 마음에 시간을 끌게 된다.

때로는 진심으로 도와주고 싶지만 눈코 뜰 새 없이 너무나 바빠서, 어떻게 도와야 할지 몰라서 시간을 끌기도 한다.

때로는 자기 일을 하면서 상대방 부탁도 들어줄 방법

이 생겨나길 진심으로 바라면서 시간을 끌기도 한다.

당신의 머릿속을 맴도는 불길한 구름 기둥

시간을 끄는 것은 몇 가지 이유에서 좋지 않은 방법이다.

첫째, 시간 끌기는 도움 요청자에게 희망 고문이 된다. 당신이 그 부탁을 들어줄 가능성은 희박한데도 부탁한 사람은 당신이 도와줄 수 있다는 희망을 품게 된다. 당신이 도와줄 수 없다는 사실을 나중에 알게 된 상대방은 기다리느라 시간만 허비해서 더 화가 날 수 있다.

둘째, 시간을 끌면 당신은 우유부단한 사람으로 보인다. "노"라고 제대로 답변하지 않으면 도움 요청자는 당신을 설득할 수 있다고 생각하면서, 더욱 적극적으로 도움을 요청할 것이다.

셋째, 시간 끌기는 상황을 지연시킴으로써 당신의 생산력을 떨어뜨린다. 도움 요청을 거절하는 데 필요 이상의 시간을 쓰게 되기 때문이다.

부탁을 받았을 때 거절해야 한다는 마음이 들면 지체할 필요가 없다. 제대로 분명하게 거절하라. 물론 그렇게 거절하는 것이 마음이 편치는 않을 것이다. 자칫하다간 부탁한 사람의 분노를 유발할 수도 있다.

하지만 상대방의 반응이나 감정은 당신이 컨트롤할 수 있는 영역이 아니다.

분명하고 정직하게 "노"라고 답하는 것은 상대방을 존중한다는 의미다. 이는 상대방의 부탁이 어둡고 불길한 구름처럼 당신의 머릿속을 맴도는 것을 방지할 방편이 될 것이다.

21

다양한 거절의 표현 활용하기

아무리 정중하게 말한다 해도 "노"라는 말은 부정적인 영향을 미친다. 예를 들어 도움을 요청한 사람에게 "못 합니다"라고 답했는데, 상대방은 자기 자신을 거절한 것으로 받아들여 불쾌감을 느낄 수 있다. 그는 자존심이 상해 화를 낼 수도 있다.

아무리 솜씨 좋게 거절한다 해도 마찬가지로, 거절당한 사람은 화가 날 수 있다.

"노"라는 말에는 칼 같은 단호함이 있다. 그 말을 들어도 아무렇지 않거나, 넓은 아량으로 침착하게 받아들일

줄 아는 사람은 그리 많지 않다.

그런 반응을 반복적으로 겪다 보면, 거절하기가 매우 어려워지고, 그 대가가 크다는 사실 또한 배우게 된다. 당신이 부탁을 거절하면, 많은 경우 상대방은 화를 내며 자리를 박차고 나가 주변 사람들에게 당신은 융통성이 없고 남을 도울 줄 모르는 나쁜 사람이라고 험담을 한다.

이로써 그와 사이가 틀어지고 당신에 대한 평판이 나빠질 수 있으며, 당신의 경력에도 좋지 않은 영향이 돌아갈 수 있다.

부탁을 거절하는 데 어려움을 겪는 건 어쩔 수 없는 일일까?

"노"보다 더 강력한 거절의 표현

다행히 "노" 하지 않고도 부탁을 거절할 방법들이 있다. 같은 뜻을 전달할 다른 표현을 찾으면 되는 것이다.

가족 중 한 사람이 당신에게 공항까지 차로 태워달라고 부탁한다. 그냥 "노" 하면서 진짜 이유를 댈 수도 있다. 그가 상황을 이해한다면 그 대답만으로도 충분하다.

그러나 과거 경험에 비추어봤을 때 그는 이해심 있는

성격이 아니다. 그러면 그는 "노"라는 말을 자기 자신을 거절한 것으로 받아들여 화를 낼 수도 있다. 이런 반응을 피하려면 어떻게 거절하면 될지 몇 가지 방법을 알려주겠다. 다음과 같이 답해 보자.

> "내가 엄청 중요한 프로젝트에 집중하고 있어서 지금 당장 내 차로 태워드리기엔 좀 어렵습니다."

⇨ 이런 표현은 너무 급하게 처리할 회사 일이 있고 그 일을 중단할 수 없다고 말하는 것이다.

> "공항에 모셔다 드리고 싶은데 지금 당장은 급한 회사 일 때문에 너무 바쁩니다."

⇨ 이런 표현은 부탁한 사람이 당신에게 소중한 존재임을 알려주고, 동시에 도와줄 수 없는 타당한 이유가 있음을 밝히는 방법이다.

> "내가 이 프로젝트를 마무리하기를 기다리는 사람들이 있습니다. 내가 만약 이 프로젝트를 중단하고 당신을 도와주면 그들이 실망할 겁니다."

⇨ 이런 표현은 먼저 약속한 일이 있어서 어쩔 수 없

이 도와줄 수 없다고 해명하는 것이다. 이 말을 듣게 되면 십중팔구 그 일을 그만두고 자기를 도우라고 말하기 어려울 것이다.

위 표현들에서 주목할 점은 "노"라는 표현을 단 한 번도 사용하지 않았다는 것이다. 단도직입적인 "노"라는 표현은 듣기에도 거북하고 말하는 것도 힘들다.

"노"라는 표현을 사용하지 않고 거절하면 상대방이 느끼는 충격이 줄어든다. 이런 거절법을 통해 부탁을 요청한 사람과 갈등을 피할 수 있다.

이런 거절 방법은 어떤 종류의 부탁이건 거절할 때 유용한 방법이 될 수 있다. 당신의 시간이나 노동력, 혹은 돈을 빌려달라는 부탁에 거절할 때도 효과가 있을 것이다.

22

변명하고 싶은 유혹 이겨내기

거절할 때 변명을 늘어놓고 싶은 강한 유혹이 밀려온다. 나는 그런 유혹을 충분히 이해한다.

당신이 도저히 시간을 낼 수 없어서 도와달라는 부탁을 거절해야 하는데, 상대방이 당신에게 무시당했다고 생각하는 것은 원치 않는다. 따라서 당신은 급히 둘러댈 말, 핑계거리를 찾아낸다.

예를 들면 다음과 같이 말한다.

"자동차를 정비소에 수리 맡겨서 당신을 공항까지 데려다줄 수 없어요."

"내가 허리를 다쳐서 내일 당신의 이사를 도와줄 수가 없어요."

"지금은 가진 돈이 없어서, 그의 퇴임식 찬조금을 낼 수 없어요."

"오늘 회사에서 야근을 해야 해서 당신의 아이들을 돌봐줄 수 없어요."

"오늘 애들이랑 영화 보러 가기로 약속을 해서 당신 집 수리하는 거 도와줄 수 없어요."

무슨 뜻인지 이해했을 것이다. 이런 말들은 부탁하는 상대방을 속이려는 변명에 불과하다.

아마도 당신 자동차는 멀쩡하고, 당신의 허리도 아프지 않고, 지갑에는 현금이 두둑하고, 오후 다섯 시에 퇴근할 계획이며, 아이들은 당신과 영화관에 함께 가는 걸 전혀 모르고 있을 것이다. 당신은 상대방의 부탁을 거절할 수밖에 없음을 말하려고 변명거리를 만들어냈을 뿐이다.

변명은 당신을 코너에 몰아넣는다

변명을 하면 두 가지 문제가 발생한다.

첫째, 거짓말을 했기 때문에 죄책감을 느낄 수 있다. 그것보다 더 심각한 문제는 거짓말이 들통날 수 있다는 것이다.

앞서 두 번째 전략 "어차피 안 들어줄 거면 시간 끌지 않기"에서 봤듯이 우리는 생각만큼 거짓말을 잘 숨기지 못한다. 괜히 변명을 늘어놓다가 거짓말임이 탄로 나면 결국 당신은 신뢰할 수 없는 사람이라는 오명만 덮어쓸 수 있다.

둘째, 변명은 상대방에게 협상의 여지를 내주는 셈이 된다. 당신의 시간과 노력이 추가로 들어가게 된다는 뜻이다.

예를 들어 당신의 이웃이 당신에게 오늘 오후에 테라스 공사를 도와달라고 부탁했다. 당신은 아이들과 영화관에 가기로 해서 도와줄 수 없다고 부탁을 거절한다. 그 말을 들은 이웃은 "괜찮아요. 그럼 내일 도와줄래요?"라고 묻는다.

이제 어떻게 할 건가? 또 다른 변명을 생각해 내는 것도 한 방법이다. 예를 들어 "내일은 집사람이랑 병원에 가기로 해서 도와줄 수 없어요"라고 말하는 것이다. 하지만 그럴 경우 당신은 진정성 없는 사람처럼 보일 것이다.

    결국 당신 스스로 당신을 코너에 몰아넣은 것이다.

    이 경우 변명하고 싶은 유혹을 물리치고 간단히 "노"라고 거절하는 것이 훨씬 나은 방법이다. 이는 결코 무례하거나 잔인하게 여겨지는 방법이 아니다. 예의를 지키는 한, 직접적인 거절은 오히려 상대방에 대한 존중을 나타낸다.

    이런 거절 방식을 꾸준히 사용하면 자신감도 덤으로 상승하게 된다. 자신감이 높아지면 우아하게 거절하기가 더욱 쉬워질 것이다.

23

책임 회피를 위한
습관성 거절인지 점검하기

누군가 당신의 시간, 돈, 또는 노동력을 요구했을 때 "나는 안 합니다. 못 합니다"라고 말하기가 얼마나 쉬운지 생각해 본 적이 있는가?

그 말이 거의 자동으로 나오는 사람도 있다. 반사적인 반응으로 말이다. 어떤 부탁인지 생각도 하기 전에 "나는 안 됩니다"라는 말부터 하는 것이다.

그러나 사실 대부분의 경우, 우리는 도움을 줄 수 있다. 엄밀히 따지면 남을 돕는 게 불가능한 건 아니다.

우리의 시간을 포기할 수 있다. 돈을 줄 수 있다. 몸이 아파도 신체적으로 도와줄 수 있다. 그런데도 우리는 부탁을 거절할 때 "나는 안 됩니다"라는 말을 하기로 선택한다.

이렇게 답함으로써 우리는 결정에 대한 책임에서 회피한다. 이는 거절이 개인의 선택이라는 점을 숨긴 채 거절하는 습관에 빠지는 길이다.

장기적으로 이런 행동은 결국 자신에게 해가 된다. 거절하기로 한 자신의 결정에 대한 책임을 회피하면, 진정한 의미에서 개인의 주체성을 느끼지 못하게 되기 때문이다.

하고 싶지 않다고 분명하게 밝힌다

"나는 안 됩니다"라고 말할 때마다 마음속에서 책임을 회피하도록 훈련하게 된다. "나는 안 됩니다"라는 말은 자신이 외부적 제약에 휘둘리고 있음을 의미한다.

시간이 지나면서 자기 자신에게는 통제할 능력이 없다는 잘못된 생각을 하게 된다. 외부 요소가 자신의 권위를 약화한다고 믿게 된다. 자기가 내린 결정도 진정한 의미에서 자기가 내린 결정이 아니라고 생각한다.

이런 생각은 나의 능력을 강화하는 것이 아니라 반대로 약화하는 것이다. 나의 능력을 무력화시킨다. 이런 생각은 우리의 행동과 생각에 심리적으로 상당히 부정적인 영향을 끼친다.

다행히도 간단한 해결 방법이 있다. 부탁이나 초청을 거절해야 할 때는 거절이 자신의 개인적인 선택임을 밝히는 방법이다. 부탁하는 사람에게 "나는 안 됩니다"라는 말 대신, "나는 하고 싶지 않습니다"라고 말하라.

만약 거절하는 이유를 설명하는 것이 상대방의 공격적인 반응을 막아줄 수 있을 것 같다면, 이유를 들어서 거절하라(거절하는 이유는 진정성이 있어야 하고, 단순한 변명이어서는 안 된다).

중요한 것은 자신이 내린 결정에 대해 자신이 책임지겠다는 자세다.

들어줄 수 없는 부탁을 이런 식으로 거절한다면, 상대방에게 자신의 의지와 권위를 분명히 보여줄 수 있다.

부탁을 거절하는 것을 외부적 제약 탓으로 돌리지 말라. 당신은 당신의 시간과 에너지, 기타 자원들을 어떻게 사용할지 의식적으로 선택하고 있다.

당신이 거절할 때 자신의 의지를 나타내는 표현을 더

많이 사용할수록, 당신의 욕구와 신념에 어긋나는 부탁을 더욱 자신 있게 거절하게 될 것이다. 결과적으로 부탁하는 사람은 당신을 더욱 존중하게 될 것이다.

24

들어줄 여지가 있다면
다음을 기약하기

다음을 기약하는 방법은 시간 끌기 전략과는 다르다. 시간 끌기 전략은 어차피 거절할 거 바로 거절하지 않고 여지를 남겨두는 방식이다.

반면 다음을 기약하는 방법은 나중에 시간 여유가 있을 때, 상대방이 부탁한 내용을 다시 검토하는 방법이다.

그러는 동안 도움을 부탁한 자는 자신의 문제를 떠안게 되고, 원점으로 돌아가 자신의 요청이 정말 시급한지 아닌지를 재차 판단하는 시간을 갖게 된다.

예를 들어 당신의 동료가 몹시 다급하게 당신 자리로

뛰어와 "이 프로젝트에 당신 도움이 절실히 필요합니다"라고 말한다. 당신은 당신 일로 너무 바빠서 당장은 그 부탁을 들어줄 수 없다. 그러나 당신의 일을 완수하고 나면 부탁을 들어줄 수도 있을 것 같다.

그럴 경우, 당신은 이렇게 말한다.

> "지금 당장은 당신을 도와줄 시간이 없어요. 하지만 오후 네 시 이후에 다시 물어보세요. 그때쯤이면 약간 여유가 생길지도 모르겠어요."

이렇게 대답하면, 당신은 일단 동료의 압박을 피할 수 있다. 동료의 부탁을 들어줄지 말지 고민할 필요가 없고 당신의 업무에만 집중하면 된다. 나중에 다시 생각해 보고 최종 결정을 내리면 된다. 설령 그 결정이 거절이라 하더라도 괜찮다.

이렇게 대답하면, 적어도 상대방의 부탁에 대해 생각해 보겠다는 의도는 전달된다. 당신은 상대방을 무시하는 것도 아니고, 거두절미하고 그의 부탁을 거절하는 것도 아니다. 오히려 당신은 상대방의 요청에 대해 관심이 있고 도와줄 의지가 있음을 보여주고 있다.

결정을 미루고 자기 일에 집중한다

다만, 상대방이 나중에 다시 도움을 요청할 때 부탁을 들어주겠다고 약속한 것은 아니다. 그가 크게 기대하지 않도록 이 점을 강조해야 한다.

이런 방법은 종종 다음 두 가지 결과로 이어진다. 첫째, 당신에게 도움을 부탁했던 상대방이 다른 사람에게 도움을 요청한다. 이는 모두에게 좋은 일이다. 당신은 당신 일을 중단하지 않아도 되고, 상대방은 필요한 도움을 신속하게 받을 수 있다.

둘째, 상대방이 아무의 도움도 받지 않고 혼자서 문제를 해결하기로 마음먹는다. 혼자서도 그 문제를 해결할 수 있는 전문지식이 있음을 깨닫고 자신감이 생긴 것이다.

물론, 그가 나중에 당신에게 찾아와 다시 도움을 요청할 수 있다. 그럼 그때 가서 도와줄지 말지 결정하면 된다. 그때쯤이면 당신도 고민을 끝냈을 것이고, 부탁을 들어주게 될 때 당신의 일에 피해는 없을지, 있다면 어느 정도일지에 대한 생각을 끝냈을 것이다.

25

거짓말로 거절하는 것은
위험하다

 상대방의 부탁을 거절하고 싶은데 거짓말로 둘러대고 싶은 마음이 생길 수 있다. 당신은 하고 싶지 않은 일을 부탁받았고, 하고 싶지 않다고 정직하게 말하고 싶다.

 문제는 정직하게 말하면 상대방이 기분 나빠하고 속상해하고 혹은 분노를 표출하지 않을까 걱정스럽다는 것이다.

 그래서 당신은 거짓말을 한다.

 "미안해요. 병원 예약을 해서 공항까지 데려다줄 수 없어요."

그러나 사실은 병원에 갈 계획이 전혀 없다. 그저 부탁을 들어주지 않으려는 구차한 변명에 불과하다. 아무런 해를 끼치지 않는, 작은 거짓말이다.

이 거짓말로 상처를 입는 사람은 아무도 없다고 스스로 위로한다. 이보다 더 심한 거짓말은 많기 때문이다.

그러나 거짓말에는 반드시 대가가 따른다. 피해를 주지 않는 사소한 거짓말이라도 자꾸 하다 보면 자신의 권위를 스스로 갉아먹게 된다. 게다가 이 같은 자기 합리화를 다른 사람은 어떻게 생각할까를 걱정하는 습관이 생긴다.

당신이 거절한 진짜 이유는, 단순히 공항까지 운전하기가 싫은 것일 수 있다. 그리고 차량이 필요할 때마다 데려다주는 운전사 취급받기 싫은 것도 이유일 수 있다.

만약 당신이 공항까지 태워달라는 부탁을 받았을 때 이런 감정이 들었다면, 어떻게 표현하는 게 좋을까? 다음과 같이 말할 수 있다.

"고속도로 체증이 싫어서 공항까지 데려다주기 싫어요."

"공항까지 왕복으로 세 시간은 걸려서 데려다주기 싫어요."

"이번 주는 제가 너무 힘들어서 오늘은 쉬려고 해요. 그래서 거절할게요."

"싫어요. 너도나도 공항까지 데려다 달라고 하네요."

솔직함이 진정한 무기다

이런 반응들은 언뜻 보기에는 무례한 태도인 것 같다. 그러나 솔직하게 답하는 것이 오히려 상대방에 대한 존중심을 보여주는 길이다.

상대방을 존중하기 때문에 솔직하게 대답하는 것이다. 솔직함은 상대방이 당신의 감정과 의사를 존중할 것이라는, 당신의 믿음을 보여주는 반응이기 때문이다.

무엇보다 솔직함은 자신의 권위를 신뢰하는 습관을 들이는 훈련이다. 거짓말을 하면서 죄책감을 느끼는 대신, 스스로 결정을 통제할 수 있다는 생각을 기르는 것이다. 도움 요청이나 부탁을 수락할지 말지 결정할 때 자기 판단을 믿고 따르는 훈련을 하는 것이다.

이처럼 자신감과 결단력이 강해지면, 당신이 "노"라고 했을 때 상대방이 어떻게 반응하든 신경을 덜 쓰게 된다. 상대방을 존중하면서 솔직하고 우아하게 거절할 때 상대방의 반응은 더는 당신의 책임이 아님을 깨닫게 될 것이다.

26

선의를 나타내고 싶다면, 대안 제시하기

누구도 무시당하는 것을 좋아하지 않는다. 부탁을 거절할 때는 상대방에게 대안을 제시해 주자. 이 전략의 장점은 당신의 능력이나 의지로 도움을 줄 수 없다는 데 대해 상대방이 느끼게 될 실망감을 덜어준다는 데 있다.

예를 들어 존이라는 동료가 당신에게 찾아와 자신의 프로젝트를 도와달라고 부탁을 한다. 당신은 너무 바빠서 그 부탁을 거절할 생각이다.

이때 간단히 "못 도와줘"라고 말해 버려서 존이 무시당했다는 느낌을 들게 하기보다는, 다른 대안을 제시하는 편이 좋다. 당신을 대신해 그를 도와줄 사람을 추천한다.

다음과 같이 말한다.

> "존, 나는 안 되고 토니한테 물어보는 건 어때? 내가 알기로 토니가 시간이 있어. 아마 널 도와줄 시간이 있을 거야."

> "도와주고 싶은데, 오후 네 시까지는 일이 꽉 차서 도와주기 어려워. 급한 일이면 셸리한테 연락해 봐. 바로 도와줄 수 있을 거야."

> "네 프로젝트는 꽤나 복잡해 보여. 난 지금 내 일에 집중해야 해서 짬을 낼 수 없어. 내가 알기로 마크와 샌드라가 집중할 일을 찾고 있어."

당신은 지금 이미 존의 다른 프로젝트를 돕고 있는데, 그가 또 다른 도움을 요청하고 있는 상황이라면, 당신은 그에게 둘 중 하나를 선택하도록 하는 것도 대안이 된다. 예를 들어 이렇게 말한다.

"존, 난 지금 네가 부탁한 ABC 프로젝트를 하느라 정신이 없어. 그 프로젝트랑 이 프로젝트랑 둘 중 하나밖에 못 도와줄 것 같아. 둘 다 도와줄 수는 없고, 어떤 프로젝트를 도와줄까?"

만약 상대방이 한꺼번에 여러 가지 일을 부탁한다면, 도와주는 일의 가짓수를 줄여서 제안하는 것도 대안이다. 예를 들어 다음과 같이 말한다.

"존, 도와주고는 싶은데 PPT도 만들고, 전문가도 교육하고, 테스트 팀까지 관리할 시간은 없어. 내가 PPT는 기꺼이 만들어줄게. 괜찮지?"

대안 제시는 선택이며 의무는 아니다

이 전략은 직장뿐 아니라 친구, 가족, 이웃, 심지어 별로 가깝지 않은 사람들과의 관계에도 통한다. 부탁을 거절하는 대신 다른 대안을 제시함으로써 당신이 상대방에게 애정이 있음을 드러낸다. 또 거절당했을 때 상대방이 느끼는 실망감도 줄여준다.

다만 유념할 것은, 대안을 제시하는 것이 의무는 아니라는 점이다. 단지 선의를 나타내는 방법일 뿐이다. 당신 대신 다른 사람을 추천하든지, 상대방이 바라는 도움보다 작은 도움이라도 제공한다면 상대방은 분명 고마워할 것이다.

27

전문성 면에서 더
적합한 사람 추천하기

때로는 당신보다 다른 사람이 더 잘할 수 있는 부탁을 받기도 한다. 이런 부탁은 거절하고 더 잘할 수 있는 사람을 추천하는 게 모두에게 좋다.

당신은 시간을 절약하고, 당신이 맡은 일과 관심에만 집중할 수 있어서 좋다. 부탁한 사람은 전문성 있는 사람의 도움을 받을 수 있어서 좋다. 당신의 추천을 받은 사람은 자신의 전문성을 보여줄 기회를 얻게 되어 좋다.

당신에게 도움을 요청한 사람에게 다른 사람을 추천할 때는 타당한 이유가 있어야 한다. 가령, 당신보다 그 일에 경험이 훨씬 많은 다른 사람을 알고 있다.

소설가인 친구가 당신에게 최근에 자신이 쓴 원고를 비평해 달라고 부탁했다고 가정해 보자. 제대로 된 비평은 단순히 시간만 들인다고 되는 일이 아니다. 스토리 전개 속도, 대사, 관점의 일관성, 기타 스토리 요소들을 주의 깊게 살펴봐야 하는 일이다. 당신은 소설가 친구에게 당신보다 더 전문성을 갖춘 사람을 추천할 필요가 있다.

예를 들어 친구에게 다음과 같이 말한다.

> "난 원고 비평을 해본 적이 없어서 내가 안 하는 게 나을 것 같아. 비평은 내 분야가 아니야. 대신 취미 삼아 책 리뷰를 전문적으로 하는 다른 친구가 있어. 그 친구 소개해 줄게."

당신은 친구의 부탁을 그냥 거절하고 만 게 아니다. 비록 부탁은 들어주지 못했을지언정 더 전문적이고 실력 있는 사람을 소개해 주었다.

다른 예를 들어보자. 당신은 회사 중역이고, 한 동료가 당신에게 특정 프로젝트에 대한 재무분석을 검토해 달라고 부탁했다. 당신은 그 분야의 전문가가 아니다. 그러나 다행히도 당신은 전문가를 알고 있다. 그래서 다음과 같이 말한다.

"나는 재무 쪽은 소질이 없어서 이 일은 맡고 싶지 않습니다. 그런데 회계부의 토비가 이 방면에 아주 뛰어납니다. 분석한 것 좀 봐달라고 토비에게 요청해 보십시오. 내가 보냈다고 말하면 잘해 줄 겁니다."

이번에도 당신은 회사 동료의 부탁을 아무 대책 없이 거절하지 않았고, 그를 제대로 도울 능력이 되는 사람을 알려주었다. 또한 당신의 이름을 대면 잘해 줄 거라며 전문가를 순조롭게 연결해 주었다.

취미가 맞지 않는 초대 거절하기

어떤 요청에는 비슷한 프로젝트나 비슷한 관심사를 가진 다른 사람을 추천하는 것이 합당하기도 한다.

예를 들어 당신의 사촌 형제가 당신에게 함께 골프를 치러 가자고 한다. 당신은 골프에 관심이 없어서 거절한다. 그러나 그렇게 거절해 사촌의 부탁을 무시한 것 같은 느낌을 주기보다는, 골프를 좋아하고 둘 다 알고 지내는 친구 톰의 이야기를 꺼낸다. 톰에게 연락해 보라고 말할 수 있다.

"난 골프를 별로 안 좋아해서 가지 않을래. 근데 톰 기억나지? 톰이 골프를 좋아해. 그 친구 요즘 한가하니까 함께 공 치러 가자고 하면 분명 좋다고 할 거야."

비록 사촌의 요청에 "노"라고 답했지만 당신보다 관심사가 더 맞는 다른 사람을 소개해 줌으로써 오히려 그에게 큰 도움을 주었다.

이때는 아무 죄책감 없이 "노"라고 말해도 된다. 사촌에게 당신보다 더 적임자를 알려줌으로써 오히려 그를 도와준 것이기 때문이다.

No ——————————————— Yes

28

실랑이 벌이지 않고
자신의 한계 설명하기

나의 한계를 설명하는 전략은 내가 제일 좋아하는 거절법이다. 이 전략을 사용하면 상대방이 부탁을 강요할 수 없는 상황이 연출된다. 어떤 식으로 전개되는지 알아보자.

당신에게 주어진 산더미 같은 업무를 처리하려면 시간이 빠듯하다. 당신이 이를 아는 이유는, 당신은 다양한 작업을 완료하는 데 걸리는 시간을 비교적 정확히 예측하는 데 능숙한 사람이기 때문이다.

친구가 당신에게 이사를 도와달라고 부탁한다. 당신

이 예측컨대 최소 세 시간은 걸리는 일이다. 당신의 업무를 처리하기에도 시간이 부족한데 그 일은 도저히 해줄 수 없다. 당신은 친구의 부탁을 반드시 거절해야 한다.

이때 간단한 방법은 다음과 같이 말하는 것이다.

"네 이사를 도와줄 시간이 없어."

그래도 친구는 포기하지 않고 이렇게 말할 것이다.

"그러지 말고, 한 시간이면 돼. 한 시간은 낼 수 있잖아. 그치?"

그럼 당신은 당연히 이렇게 대답할 것이다.

"한 시간이라고? 적어도 세 시간은 걸려."

친구는 바로 반박하며 말한다.

"그럼. 한 시간만 도와주고 가면 되잖아."

이렇게 계속 친구와 실랑이하게 된다.

당신의 바쁜 일정을 자세히 설명한다

이 과정을 단축하려면 친구에게 당신의 일과를 말해주고 왜 도와줄 시간이 없는지 설명한다. 예를 들면 다음과 같이 말한다.

"다른 날이면 정말 도와주고 싶어. 그런데 오늘은 정말 바빠. 내 일정 좀 봐. 오후 다섯 시까지 큰 프로젝트 두 건을 끝내야 하는데 각 건당 두 시간씩 걸려. 게다가 45분 걸리는 미팅이 세 건 있는데, 오늘은 좀 더 길어질 것 같아. 오후에는 30분간 화상회의가 잡혔어. 그 외에 전화도 몇 통 돌려야 하고, 회신할 이메일도 수두룩해. 그사이에 점심도 후딱 해치워야 하고. 오늘은 정말이지 네 이사를 도울 시간이 없어."

죄책감 없이 이 전략을 효과적으로 사용하려면 실제로 그날이 바쁜 날이어야 한다. 다시 말해 바쁜 척 꾸며내서는 안 된다.

당신에게 시간 여유가 없다는 것을 자세히 설명하면서 당신이 책임져야 할 다른 일들이 있음을 상대방에게 알려준다. 당신의 의무를 저버리는 것을 고려 대상에 넣어서는 안 된다.

이 전략을 사용하면 상대방은 자신이 거절당했다고 생각하지 않는다. 오히려 당신이 정말로 도와줄 여력이 전혀 없다는 사실이 분명해진다. 당신의 일정을 알고 나서도 협상하려 들거나, 도움을 강요하는 사람은 거의 없을 것이다.

The Art of Saying NO

제4부

무례한 상대 앞에서

당당하게 거절하는 강철 멘탈 만들기

"당신의 시간은 한정되어 있다. 다른 사람의
인생을 살며 시간을 낭비하지 말라."
- 스티브 잡스(Steve Jobs)

29

끝내 포기할 줄 모르는
사람 상대하는 법

"노"라는 답을 끝내 받아들이지 못하는 사람이 틀림없이 있을 것이다. 거절을 당해도 물러설 줄 모르고, 끈질기게 부탁하는 사람들 말이다.

이런 류의 사람들은 자신의 요청이 받아들여질 때까지 상대방 회유하기를 멈추지 않는다. 어떻게든 "예스"라는 답을 받아내려고 상대방의 감정을 조종하기도 하고, 심지어 대놓고 협박하기도 한다.

이 경우 우선, 우리는 다른 사람의 행동을 통제할 수 없다는 걸 알아야 한다. 당신이 분명 거절했는데도 상대방이 부탁하기를 멈추지 않을 때, 이는 당신이 내린 선택이 잘못되어서가 아니다. 그저 그가 지나치게 강압적인 사람이어서 그런 것이다.

다음으로 알아야 할 것은, 끈질긴 상대방은 당신이 머뭇거리는 순간을 놓치지 않고 더욱 집요하게 당신에게 매달린다는 점이다. 작은 틈새라도 협상의 여지를 발견하면 그는 이를 이용해 당신의 마음을 돌리려 할 것이다.

따라서 거절하기로 마음먹었다면 그 결정을 확고하게 밀고 나가는 것이 중요하다. 당신이 거절한 이유가 합당하다고 판단되면, 자신의 결정을 의심할 필요가 없다.

막무가내인 이들을 막아 세우는 방법

상대방이 끈질기게 요구할 때 이에 넘어가지 않고 자신의 결정을 고수하는 한 가지 방법을 알려주겠다. 그것은 상대방에게 그들의 태도가 어떤지 말해주는 것이다. 예를 들어 다음과 같이 말한다.

> "'안 된다'라는 말 듣기 싫은 거 알아요. 하지만 당신이 아무리 나한테 강요해도 내 마음은 바뀌지 않아요."

또 다른 방법은 왜 하필 내가 그 부탁을 들어줘야 하는지 구체적으로 묻는 것이다. 예를 들어 이렇게 질문한다.

"또 누구한테 부탁해 봤어요?"
"난 이 분야는 잘 몰라서 적임자가 아니에요. 다른 전문가들한테 부탁해 봤어요?"

분명히 "노"했고 절대 마음을 바꾸지 않겠다는 의사를 명확히 전달했는데도 여전히 포기하지 않는 사람들이 있다. 이런 부류의 사람들은 당신과 협상하려 들 것이다. 거절하는 이유를 대라고 요구할 수도 있다.

그때는 좀 더 단호하게 행동하는 것이 좋다. 주저하지 말고 반박하라. 예를 들어 다음과 같이 말한다.

"저기요. 시간 낭비하지 않고 바로 말할게요. 이번 일은 도와줄 수 없어요. 확실히 말하는데, 내 마음은 절대 바뀌지 않아요."

이렇게 말했다고 해서 죄책감을 가질 필요 없다. 이는

무례한 말이 전혀 아니다. 당신이 노골적으로 말한 것은, 당신의 마음을 되돌려 결정을 뒤집으려는 상대방의 헛수고와 시간 낭비를 막으려는 의도임을 밝힌 것에 불과하기 때문이다.

당신의 노골적인 말에 상대방은 놀랄 수도 있다. 그러나 그것은 당신의 결정이 옳지 않아서가 아니다. 단지 상대방의 반응이 그런 것일 뿐이고, 당신이 상대방의 반응까지 통제할 수는 없는 일이다.

거절할 때 단호한 태도를 유지하면 좋은 점이 또 있다. 당신이 이런 태도를 일관성 있게 보이면, 어느 누구도 당신을 조종하거나 겁을 주거나, 다른 어떤 방법으로도 당신의 마음을 바꿀 수 없다는 사실을 깨닫게 된다.

30

무례한 상대에게 휘말리지 않는 법

　상대방이 무례하고 고압적인 태도로 도움을 요청하면 나 또한 예의 바르게 대하기가 어렵다. 이때 당신은 자신이 만만한 사람이 아니란 걸 보여주고자, 상대방과 똑같이 행동하려는 유혹에 빠질 것이다. 이런 충동을 억누르기가 쉽지 않다.

　그러나 이런 충동을 억눌러야 한다. 자칫하면 상대방의 태도와 상관없이 당신은 예의 없는 사람으로 낙인찍힐 수 있기 때문이다. 당신이 무례하게 반응하면 당신의 평판에 흠집이 날 수 있고 대인 관계에도 해가 될 수 있다.

예를 들어 회사 동료가 당신에게 도와달라고 부탁했는데, 당신이 무례하게 반응했다고 해보자. 그 동료는 당신이 프로답지 못하다고 생각할 수 있고, 그런 생각을 다른 동료들에게 마구 퍼트릴 수 있다.

만약 당신이 어떤 가족의 행사에 초대를 받았는데 비꼬는 말로 거절했다면 어떤 일이 벌어질까? 적어도 그는 감정이 상할 것이고, 당신의 반응을 (거짓말 좀 보태서) 다른 가족들에게 공개할 수도 있다.

강하지만 정중하게 거절하기

친구가 당신에게 이사를 도와달라고 부탁했다. 당신은 이런 부탁이 싫다. 왜냐하면 사람들이 당신을 만만하게 봐서 이런 부탁을 한다고 생각하기 때문이다.

짜증이 난 당신은 친구에게 저속하고 무례한 태도로 거절한다. 그러면 당신과 친구의 우정에 금이 갈 것은 자명한 사실이다(우정을 회복하려면, 최소한 당신이 친구에게 사과해야만 할 것이다).

강한 자기주장을 정중한 태도로 하는 게 가능할까?

가능하다. 강한 자기주장은 자신이 내린 결정에 자신이 있다는 메시지를 전달한다. 정중한 거절은 상대방을 존중한다는 것을 보여준다. 당신이 이런 태도로 거절하면 상대방은 공격적으로 반응할 가능성이 작다.

정중한 태도는 당신이 자신을 통제할 수 있음을 말해준다. 그런 당신은 분노해서 폭발하는 모습을 잘 보이지 않으며, 대신 프로다운 모습을 유지한다. 상대방은 당신의 말에 반박하기가 어렵다.

당신은 이런 식으로 말한다.

"우선, 날 믿고 도와달라고 부탁해 준 건 고맙습니다. 그런데 오후 네 시 반까지 내가 너무 바쁩니다. 나중에 다시 물어봐 주겠습니까?"

이런 식으로 말하면 나와 상대방 사이에 긴장이 완화되고, 상대방이 격렬하게 반응할 가능성이 줄어든다.

당신은 믿어줘서 고맙다는 표현을 함으로써 품격 있는 태도를 드러냈다. 나중에 당신이 여유가 생겼을 때 다시 도움을 요청해 보라고 말함으로써, 여건이 되면 돕겠다는 의사도 잘 전달했다.

    상대방에게 거절할 때는 이렇게 예의를 지키면서 강하게 주장하는 방법을 함께 사용하자. 정중하게 행동하면 사람들은 당신을 공손하고 배려심 있으며 세심한 사람으로 인식하게 될 것이다. 그런 인식이 쌓이면 당신이 "노" 해도 상대방은 이를 곡해 없이 있는 그대로 받아들이게 된다.

31

내면에 도사린
'포모'라는 두려움을 꺼내라

좋은 기회를 놓치고 싶지 않은 마음, 즉 포모(FOMO) 증후군 때문에 "예스"를 남발한다는 사실을 앞서 보았다. 부탁을 들어줄 시간도 에너지도 돈도 없으면서 말이다. 손가락 사이로 모래알이 스르르 빠져나가는 것처럼 기회도 그렇게 달아나버릴까 봐 걱정한다. 그래서 "노" 해야 하는 상황에 "예스" 하고 만다.

예를 들어 만나고 싶은 사람이 참석할 경우를 대비해 파티 초대에 "예스" 한다. 그가 파티에 참석할 가능성은 작지만, 만일 참석한다면 기회를 놓치고 싶지 않기 때문이다.

때로는 회사에서 큰 프로젝트에 참여하라고 제안이 왔을 때 여유가 없음에도 불구하고, 행여 승진의 기회가 될 수 있을지 모른다는 기대감 때문에 수락하기도 한다. 그런 기대가 현실이 될 가능성은 아주 작지만 실낱같은 가능성이라도 붙잡으려고 "예스" 한다.

포모 증후군이 심하면 극심한 불안감을 보인다. 심리학자들은 이런 사람이 이미 많다고 말한다. 수시로 이메일을 확인하거나 페이스북 메시지를 확인하는 것 같은 강박 행동이 그 대표적인 증상이다.

정도의 차이가 있을 뿐 포모는 누구나 겪고 있는 증후군이다. 중요한 것은 이 같은 포모의 작용을 인지하는 것이고, 과연 옳은 결정인지 곰곰이 생각해 보지도 않고 덥석 "예스" 하게 되는 원인 가운데 하나가 포모임을 이해하는 것이다.

예를 들어 직장의 새 프로젝트에서 당신이 팀장이 될 기회가 왔다. 그 기회를 잡으면 당신의 경력에 도움이 될 것 같기 때문에 그 제안을 수락하고 싶다. 그러나 거기에는 보이지 않는 대가가 뒤따를 수 있다. 가령, 이 프로젝트의 팀장을 맡으면 다른 프로젝트 제안은 거절해야 한다는 것을 의미한다. 그런 것 중에는 당신의 경력에 훨씬 더 중요한 프로젝트가 있을 수도 있다.

지금 당신이 진행 중인 업무도 고려해야 한다. 다른 프로젝트를 맡을 시간이 있는가?

시간 여유가 많지 않은데 다른 프로젝트까지 맡으면 지금 하는 일에 안 좋은 영향을 미칠 것이다. 마감일에 맞춰 결과물을 내놓지 못하거나, 어찌어찌하여 결과물을 내놓더라도 품질이 떨어질 수 있고, 그리되면 당신의 경력에 도움이 되기는커녕 해가 될 것이다.

"예스" 하는 이유가 포모 때문이지 확인하라

"노" 해야 마땅한 상황에서 "예스" 하는 것이 포모라는 두려움 때문은 아닌지 생각해 보라. 만약 포모 때문이라면 그 감정을 통제할 수 있도록 자신을 훈련해야 한다. 여기에는 시간과 인내심이 필요하고, 어쩌면 용기가 필요할 수도 있다.

다음에 어떤 제안이나 요청, 혹은 초대에 "예스" 하고 싶은 본능이 꿈틀댄다면 잠시 멈춰보라. 잠시 그것에 대해 생각해 보라. 당신이 "예스" 하는 이유가, 당신에게 큰 이익이 될 것 같다는 판단 때문인가? 아니면 그저 기회를 놓칠 것 같은 포모 증후군 때문인가?

많은 기회를 받아들이는 것이 언뜻 좋은 징조처럼 보일 수 있지만, 그건 시간과 에너지를 낭비하는 것이다. 당신도 아마 이런 경험이 있을 것이다.

당신 안에 도사리고 있는 기회주의자가 고개를 내밀 때 거절하라. 그렇게 함으로써 설령 기회를 놓치는 한이 있다 해도 말이다.

거절하는 것이 처음에는 어려울 것이다. 당신이 만약 포모 증후군이 있다면 더욱 그럴 것이다.

그러나 안심하라. 시간이 지나면서 일관성 있는 태도를 보이면 거절이 점차 쉬워질 것이다.

그리고 일단 포모를 극복하는 데 성공하면 당신에게 과도한 부담이 되는 요청들을 거절하기가 훨씬 쉬워질 것이다.

32

자주 부딪히는 부탁 유형에 대처하는 법

 당신은 비슷한 종류의 부탁을 자주 받는가? 이런 부탁을 받을 때 처음 드는 생각은 '못 한다'인가? 그렇다면 이 전략은 당신의 시간을 많이 절약해 줄 것이다.
 이 전략은 당신의 거절이 개인에 대한 거절이 아님을 드러냄으로써 거절당한 사람의 분노를 방지하는 효과도 있다.
 이 전략의 작동 방식을 알아보자.
 당신은 회사 동료들로부터 회계 관련 업무를 도와달라는 부탁을 자주 받는다. 이 업무는 당신의 업무 영역

밖의 일이다. 그러나 당신은 회계학을 전공했고 이 사실을 아는 동료들이 당신을 회계 전문가로 생각한다.

문제는 이런 부탁을 너무 자주 받다 보니 당신이 해야 할 일을 못 할 정도가 되었다는 것이다.

이 문제에 대한 첫 번째 해결 방안은, 더는 동료들의 회계 관련 일을 도와주지 않기로 결단하는 것이다. 회계 관련 업무 부탁은 일절 다 거절하기로 작정한다. 그렇게 시간이 흐르면 당신의 모든 동료는 당신의 확고한 마음을 알게 되고 다른 데서 도움을 구할 것이다.

이 전략은 직장에서만이 아니라 일상생활에서도 통한다. 내 경우가 그랬다.

앞서 말했듯이 나는 대학 시절, 유독 이사할 때 도와달라는 부탁을 많이 받았다. 당시 나는 소형 트럭이 있었고 부탁이란 부탁은 모두 들어주는 '예스맨' 성향이 강했다. 이 두 가지 조건을 모두 갖춘 나는 이삿짐 나르는 일에 적임자였다.

그러나 언젠가부터 나는 화가 났다. 사람들이 내 도움을 너무 당연한 일로 여긴다는 생각이 들었기 때문이다. 그래서 나는 이사를 도와달라는 부탁을 들어주지 않았다. 누구든 부탁하면 "이사는 이제 안 도와줍니다"라고 간단히 답했다.

얼마 지나지 않아 사람들은 내게 이사를 도와달라는 부탁을 하지 않게 되었다. 중요한 사실은 그런 가운데 진정한 친구를 단 한 명도 잃지 않았다는 것이다. 친구들에게 욕을 먹거나 조롱당하지도 않았다. 나는 그저 이런 유형의 도움 요청을 더는 받지 않게 되었을 뿐이다.

특정 시간대에 들어오는 부탁을 거절하는 방법도 있다. 앞의 사례로 돌아가서, 회계 관련 동료들의 업무 부탁을 들어주고 싶은 마음이 있다고 가정해 보자. 그러나 당신에게 가장 생산적인 시간인 오전 아홉 시에서 낮 열두 시 사이에 들어오는 부탁은 전부 거절하기로 한다.

주중에 30분 이상 걸리는 부탁은 다 거절하는 방식도 있을 수 있다. 당신은 친구의 이삿짐을 상자에 담는 일은 도와줄 의사가 있다. 그러나 이삿짐 상자를 새집으로 옮겨주는 일은 도와줄 생각이 없다. 왜냐하면 그것은 두 시간이 걸리는 일이기 때문이다.

자신에 대한 사람들의 기대치를 바꿔라

당신이 특정 유형의 부탁을 거절하기 시작하면 당신

에 대한 사람들의 기대치가 바뀌게 된다. 당신의 회사 동료와 친구 혹은 가족은, 당신이 늘 그런 유형의 부탁을 거절한다는 사실을 인지하게 되어 다시는 그런 부탁을 하지 않게 될 것이다.

이 전략은 거절의 절차를 간소화하는 장점도 있다. 부탁을 들어줄 수 없는 기준(예: 부탁을 들어주는 데 30분 이상 소요)에 해당하는 부탁을 받았다면, 일일이 들어줄까 말까 고민하거나 답변할 필요 없이 자동으로 부탁을 거절하면 되기 때문이다.

이런 전략을 사용했을 때 당신의 시간과 관심, 돈 또는 노동력을 요구하는 사람들은 당신의 거절이 논리적으로 개인에 대한 거절이라고 생각할 수 없다. 왜냐하면 당신의 거절은 특정 유형의 부탁에 대한 거절이지, 부탁하는 사람을 거절하는 것이 아니기 때문이다.

가정에서든 회사에서든 당신이 자주 부탁받는 사안에 대해 생각해 보라. 그런 유형의 일이 당신에게 부담이 되고 너무 많은 시간을 빼앗고 있다면 그것을 최악의 부탁 범주로 분류하라. 그 후, 최악의 범주로 분류된 부탁은 모두 거절하라. 이 전략을 사용하면, 죄책감 없이 거절하기가 매우 쉬워진다는 사실에 놀라게 될 것이다.

33

당신은 상대방의 감정에
책임이 없다

예스맨의 가장 큰 걸림돌은 다른 사람의 감정이 내 책임이라고 느낀다는 것이다. 예스맨은 상대방의 부탁을 거절하면 그가 실망하고 화내지 않을까 걱정한다. 바로 이런 걱정 때문에 자기 일보다 다른 사람의 일을 우선시한다.

이런 경향의 원인은 다양하다. 우선, 다른 사람이 자기를 좋아해 주기를 간절히 바라는 마음 때문일 수 있다. 다른 사람에게 인정받길 바라는 마음이 간절한 사람은, 남에게 인정받는 가장 손쉬운 방법은 그들의 부탁을 들어주는 것이라고 생각한다.

또 예스맨은 낮은 자존감의 소유자일 수 있다. 그래서 타인의 행복이 자신의 행복보다 더 중요하다고 생각한다. "노" 하는 것이 최선의 선택일 때도 "예스" 하게 된다.

그의 힘든 하루를 당신이 책임질 필요가 없다

만일 죄책감 없이 당당하게 "노" 하는 법을 배우고 싶다면 정서적 경계를 설정하는 일이 매우 중요하다.

당신은 다른 사람들의 감정에 책임감을 느낄 필요가 없고, 그들의 부정적인 반응이 자기 탓이라는 생각에서 벗어나야 한다.

정중하고 품위 있는 태도로 상대방의 요청을 거절했다면, 상대방의 나쁜 반응에 당신은 책임감을 느껴선 안 된다. 상대방은 자신의 고통과 분노의 원인이 당신인 것처럼 행동하겠지만, 그건 당신 탓이 아니다. 상대방의 이런 감정들은 당신의 통제 범위를 벗어난 상황들에서 비롯된다.

예를 들어 상대방이 매우 힘든 하루를 보내고 있는 가운데, 당신의 도움 거절이 그를 폭발하게 만드는 결정적인 요인이 되었을 수 있다.

그는 어쩌면 자신이 잘못 세운 계획 때문에 극심한 스트레스를 겪고 있을 수 있다. 또는 배우자나 연인과 크게 다퉜을 수 있고, 그런 감정이 이 상황에까지 영향을 미쳤을 수 있다.

어쨌거나 당신은 다른 사람의 감정까지 통제할 수는 없으며, 따라서 그들의 반응에 대해 책임질 수도 없다.

타인의 마음을 의도적으로 아프게 하는 문제는 여기서 논외다. 만일 당신이 상대방을 무시하고 무례하게 대했다면 부정적인 반응, 공격적인 반응은 예상해야 한다. 가는 말이 고와야 오는 말이 고운 법이다.

그러나 정중, 솔직, 진실한 태도로 부탁을 거절했는데도 상대방이 공격적인 반응을 보인다면 그냥 무시하고 내버려 둬라. 적대적인 감정과 공격성은 그의 내면에서 비롯된 것이며, 거기에 대해 당신은 아무런 책임도 권한도 없다.

34

나의 시간과 관심이 더 소중하다

예스맨은 자신의 욕구보다 남들의 욕구를 우선시하곤 한다. 예스맨은 자신의 시간과 관심사, 의견과 목표가 다른 사람의 그것보다 덜 중요하다고 생각하는 경향이 있다. 나는 경험을 통해 이를 잘 알고 있다. 나도 한때 그런 사람이었기 때문이다.

결국엔 자아상의 문제

나쁜 자아상을 가진 사람은 자신보다 다른 사람을

더 중요하다고 여긴다. 그 결과, 자기 이익을 위해 행동할 자신이 없다. 자신감이 없다 보니 상대방의 부탁에 "노" 하기가 힘든 것이다.

자신의 가치를 깨닫는 것은 매우 중요한 일이다. 이는 비단 자아 형성만의 문제가 아니다. 자신의 가치를 깨달으면 주변 인물들과 자신을 동등하게 생각하게 된다. 그러면 자신의 시간과 관심사, 의견과 목표가 다른 사람의 것과 동등한 가치가 있다고 인식하게 된다.

이 사실을 진정으로 받아들이면 일말의 죄책감 없이 부탁을 거절하기가 쉬워질 것이다. 무엇보다 중요한 것은 당신이 어떤 결정을 내릴 때 상대방의 인정을 받을 수 있을지 없을지를 고민할 필요가 없어진다는 사실이다.

자존감이 높으면 자연스럽게 자신감이 더 생긴다. 그리고 이는 감정적 조작이나 협박에 직면할 때 자신의 입장을 굳건히 지키는 용기를 준다.

35

거절한다고 나쁜 사람이 되는 건 아니다

 누군가에게 "노"라고 말하고 나서 죄책감이 드는 이유가 무엇인지 궁금해한 적이 있는가?

 죄책감이 드는 것은 당신이 나쁜 사람이어서가 아니다. 상대방에게 나쁜 짓을 했거나 해를 입혀서도 아니다.

 죄책감은 학습된 반응이며 평생에 걸쳐 세뇌되어 마음 깊이 각인된 감정이다. 당신이 아이였던 때를 생각해보라. "노"라는 말을 얼마나 쉽게 했나?

 다른 사람의 감정은 전혀 신경 쓰지 않았고, 예절에 어긋난 행동이라고도 생각하지 않았다. 하기 싫은 일이면 그냥 "하기 싫다"라고 말했다. 에둘러 말하거나 변명하지도 않았다. 그냥 간단히 "하기 싫어요"라고 분명히 말했다.

그러다가 초등학교에 입학한 이후로, 선생님과 부모님 등 권위 있는 사람들이 "노"라는 말을 듣기 싫어한다는 사실을 깨닫게 된다. "노"라는 대답이 불러오는 파장을 몸소 겪기 시작한다.

세뇌가 본격적으로 시작된 것이다.

이번에는 고등학교 시절로 돌아가 보라. 이미 수년간 "노"라는 대답에 뒤따르는 부정적인 파장을 너무나 많이 겪었기 때문에, 이제는 "노"라고 답하기가 망설여진다.

상대방이 나 때문에 기분이 상해 화내지 않을까 하는 걱정이 들며, 부탁을 거절하는 것이 과연 잘하는 행동인지 다시 한번 생각한다. 그런 우려 때문에 대부분의 경우 "예스"라고 답하게 된다.

다음으로 당신의 직장생활을 돌아보라. 당신은 지금까지 살면서 이기심, 인색함, 그리고 도움을 주지 않으려는 태도에 대한 온갖 비판적인 말을 평생 들어왔다. 도움 요청을 거절하는 것은 무례하고 상대방을 무시하는 행동이라는 말을 반복해서 들어왔다.

그의 욕구 충족은 당신의 일이 아니다

오랫동안 이런 말을 듣다 보니 "노"라고 답하기 전에 일단 신중하게 생각해야 한다고 배우게 되었다.

이렇게 볼 때 많은 사람이 남에게 "노"라고 말하면, 자신이 나쁜 사람 된다고 믿는 것은 당연한 일이다. 사실, 형편에 따라 상대방의 부탁을 승낙하기보다 거절하는 것이 더 적절할 수 있다.

예를 들어 당신은 친구와 점심 약속이 있다. 이때 당신의 회사 동료가 당신의 자리에 찾아와 자신의 프로젝트를 도와달라고 부탁한다.

문제는 그 동료를 도와주면 친구와의 점심 약속을 취소하거나 적어도 미뤄야 한다. 이런 상황에서 동료의 부탁을 거절한다고 당신이 나쁜 사람이 되는 건 아니다. 선약을 지키기 위해 거절하는 것이 옳다.

당신이 부탁을 거절하면 상대방은 실망하거나 화를 낼까? 물론이다. 하지만 당신은 다른 사람들의 반응까지 통제할 수는 없음을 기억하라. 당신이 할 수 있는 일은 품위와 진정성으로 "노"라고 말하는 것뿐이다.

상대방의 욕구를 충족시키는 것은 당신이 할 일이 아니다. 또 자기 일을 상대방의 일보다 우선순위에 놓는다고 해서 당신이 불쾌한 사람이 되는 것도 아니다. 오히려 그리함으로써 당신은 자신의 이익과 의무를 인식하게 되고 제한된 시간과 자원을 합리적으로 관리하게 된다.

36

거절 습관 만드는
거절 연습하기

당당하게 거절하는 방법을 배우는 것은 새로운 습관을 들이는 일과 같다. 작은 것부터 거절하는 습관을 들여보라. 초기에 '쉬운 승리'를 여러 번 맛보다 보면 자기 신념을 신뢰하는 데 점차 익숙해지게 된다. 그러다 보면 점차 자신의 권위에 대한 자신감이 강해질 것이다.

작은 거절을 실천해 보자. 예를 들어 옷가게에 갔는데 직원이 회원카드를 만들어 15% 할인을 받으라고 말한다. 할인율에 구미가 당기지만 정중하게 거절한다.

당신이 카페에서 커피를 주문하고 있는데, 점원이 커

피와 함께 크루아상을 드시겠냐고 물어본다. 군침이 돌지만 거절한다.

가게 직원들은 "노"라는 대답에 익숙하다. 하루에 수백 번도 더 듣는다. 자신의 청을 거절한다고 해서 그들은 실망하거나 화내거나 기분 나빠하지 않는다. 당신은 가게에서 자기주장을 강하게 하는 훈련을 돈 안 들이고 할 수 있다.

다음으로는 전화상에서 거절하는 훈련을 해본다. 예를 들어 누군가 당신에게 전화를 걸어 콘도분양권을 살 것을 권유한다. 정중히 거절하라. 그래도 계속해서 콘도분양권 매수를 권하면 거절 의사를 재차 밝히고 전화를 끊겠다고 말한다.

이번에는 설문 조사에 참여해 달라는 전화를 받았다. 이 또한 강한 자기주장을 연습할 기회다. 발신자에게 거절 의사를 밝히고 전화해 주셔서 감사하다고 말한 뒤, 작별인사를 하고 전화를 끊는다.

'저위험' 상황에서 거절하는 연습을 하다 보면 당신은 서서히 자신감을 쌓게 된다. 자신감이 쌓이면서 점점 '고위험' 상황에서 거절을 시도해 본다.

이런 방식을 통해 거절의 습관이 뿌리를 내리게 된다.

자신감과 자기 신념에 대한 확신이 커짐에 따라, "노"라고 답하기가 더욱 쉬워진다.

아무리 상대방이 화를 내고 집요하게 매달리며 당신의 감정을 조종하려고 해도 당신의 마음은 견고할 것이다.

The Art of Saying NO

제5부

보너스 편

상황별 거절하는 법

"'노'라고 말하는 법을 배워라. 라틴어를 배우는 것보다
그게 훨씬 유용하다."
- 찰스 스펄전(Charles Spurgeon)

37

어떻게 거절해야 최고의
이익이 될까?

지금까지 요청과 초대에 거절하면서도 죄책감을 느끼지 않을 수 있는 다양한 실용적인 전략을 살펴보았다. 이런 전략들을 사용하면 상대방은 당신의 거절을 개인적인 거절로 받아들이지 않는 데 도움이 된다.

제5부에서는 일상의 다양한 사람들과 관련된 구체적인 상황을 자세히 살펴보겠다. 가족, 친구, 이웃, 상사 등에게 어떻게 "노"라고 답할지를 논의하며, 그 과정에서 그들에게 존중받는 방법을 탐구할 것이다.

상대방을 존중하며 우아하게 거절하는 능력은 가

장 중요하고 가치 있는 기술 중 하나다. 그러나 자기에게 특별한 사람에게는 거절하기가 때로는 매우 어려울 수 있다.

예를 들어 회사 동료의 부탁을 거절하기는 비교적 쉬울 수 있지만, 가족이 부탁하면 바로 들어주게 된다. 이웃의 부탁에는 일말의 미안함도 없이 거절할 수 있지만, 친구의 부탁은 거절하기가 매우 어렵다.

당신의 판단으로는 거절하는 게 맞지만, 상대방이 당신의 상사이거나 사장이어서 거절하기 힘든 경우도 있다. 모르는 사람이지만 도움을 주고 싶다는 충동을 느끼기도 한다.

이번 파트에서는 이런 상황을 포함해 기타 다양한 상황을 다루게 될 것이다. 어떻게 거절해야 당신에게 최고의 이익이 될지 그 방법을 알려주겠다.

38

막무가내 친척의 부탁을 거절하는 방법

친척은 협상하기 힘든 상대일 수 있다. 친척 중에는 당신의 시간, 노동력, 돈, 혹은 다른 무엇이든 당신이 내어줄 때까지 포기하지 않고 끈질기게 요구하는 이들이 있다.

자신의 요구를 들어줄 때까지 집요하게 매달리고, 당신의 감정을 조종하며 괴롭히는 친척이 당신에게도 적어도 한 명쯤은 있을 것이다.

친척에게 "싫습니다"라고 말하기가 거북할 수 있다. 친척은 그의 회사 동료나 친구, 이웃보다 당신에 대한 기대치가 더 높다. 당신의 친척은 당신이 하던 일을 멈추고 흔

쾌히 자신을 도와주리라 예상한다.

이런 기대감은 하루아침에 생기는 게 아니다. 수년간 반복된 훈련에서 나온다.

절대로 거절을 못 받아들이는 사촌이나 고모 또는 삼촌, 할머니, 할아버지를 생각해 보자. 당신이 아무리 안 된다고 말해도 그들은 물러서지 않는다. 당신이 거절하면 그들은 화를 낸다. 그들은 자신이 처한 어려움이 당신 잘못이라도 되는 양 죄책감을 느끼게 한다.

이제 이런 상황을 떠올려 보라. 처음에는 거절했지만, 결국 짜증이 나서 어쩔 수 없이 부탁을 들어준 적이 있는가? 그 사람이 부탁할 때 그런 상황이 자주 연출되는가?

만일 그렇다면 당신을 지치게 만드는 건 그 사람이 아니라 당신 자신이다. 그 사람은 당신에게 끈질기게 부탁하면 당신이 결국 들어주리라는 것을 알고 있다. 당신이 자신의 부탁을 거절했다는 죄책감에 사로잡히게 만들면, 당신은 결국 항복할 것을 알고 있다.

친척들의 기대치를 재조정하기

이에 대한 해법은 기대치를 새롭게 세우는 것이다. 그

친척이 지켜야 할 선을 명확히 그어주는 것이다. 그 구체적인 방법 중 하나는, 당신이 도와줄 의사가 있는 일과 도와줄 의사가 없는 일이 각각 무엇인지 원칙을 세우는 것이다.

만약 사촌이 당신에게 심부름을 자주 시킨다면, '심부름 금지' 원칙을 세운다. 만약 삼촌이 자동차 수리를 도와달라고 자주 부탁한다면, '자동차 수리 금지' 원칙을 세운다.

언제 도와줄지 규칙을 세우는 것도 좋은 전략이다. 예를 들어 토요일 오후에는 친척들을 도와줄 수 있다고 원칙을 정한다. 주중 나머지 시간은 자신과 배우자 그리고 자녀들을 위한 시간으로 남겨둔다.

포기를 모르고 감정을 조종하려는 친척들에게는 음성메시지나 문자를 남기도록 할 수 있다.

예를 들어 그런 친척들이 전화하면 받지 않고 음성사서함으로 넘어가게 한다. 만약 그들이 이메일을 보냈다면 어느 정도 시간이 지난 후에 회신한다. 문자메시지에 바로 답하는 것도 금물이다.

이런 전략을 쓰면 급한 부탁은 줄어든다. 당신에게 문자나 이메일을 보내면 회신이 며칠 걸린다는 사실을 사촌이 알고 있다면, 그가 급한 일 때문에 당신에게 연락할 가능성은 작다.

이상의 전략들은 당신에 대한 친척들의 기대치를 재조정하도록 고안된 것들이다. 처음에는 친척들이 기분 나빠하고 공격적으로 나올 수 있지만, 시간이 지나고 당신이 줄곧 일관된 태도를 보인다면, 그들은 당신을 자기들 마음대로 조종할 수 없다는 사실을 깨닫게 될 것이다.

39

배우자의 부탁 거절은
유독 껄끄럽다

배우자 또는 연인의 경우, 부탁을 항상 들어주다 보면 거절하는 일이 마치 까치발로 지뢰밭을 걷는 것과 비슷해진다. 거절하면 갈등이 생길 것이고, 이를 그냥 놔두면 커플의 상황은 빠르게 나빠질 것이다.

우리는 사랑하는 사람의 부탁에 "예스" 하는 것이 사랑과 신뢰의 표현임을 경험상 알고 있다. 그렇다고 항상 사랑하는 사람의 부탁을 들어줘야만 하는가?

지금까지 이 책을 읽은 독자라면 내 대답을 충분히 예상할 수 있을 것이다. 때로는 사랑하는 사람에게 "노"라고 말하는 것이 필요할 뿐만 아니라, 오히려 관계에 도움이 된다.

왜 그런지 설명하겠다.

친구든, 회사 동료든, 친척이든, 누구와든 건강한 관계를 유지하기 위한 전제 조건 중 하나는 명확한 경계선을 긋는 것이다.

자신의 영역을 표시하는 경계선 긋기를, 남들이 침범하지 못하게 거리를 두는 방법으로 많은 사람이 생각한다. 그것도 일리 있는 생각이다. 그러나 커플 관계에서 경계선 긋기는 훨씬 더 큰 가치를 지닌다.

개인의 사적인 영역은 배우자 또는 연인을 좀 더 잘 이해하게 만드는 기능을 한다. 사적인 영역은 자신의 배우자 또는 연인을 유니크한 감정과 열정과 관심사를 지닌 독립된 인격체로 생각하는 데 도움이 된다.

사적인 영역은 사랑하는 사람이 무엇을 필요로 하는지 좀 더 쉽게 파악하는 데도 도움이 된다. 그러면 자신이 원하는 것을 얻기 위해 사랑하는 사람의 죄책감을 이용하거나 조종하는 일을 하지 않게 된다.

사적인 영역이라는 개념은 양방향으로 작용한다. 당

신과 상대가 경계선을 긋고 사적인 영역을 구분할 때 당신은 자신의 개성과 싫어하는 것, 자신의 의견과 신념 등을 상대에게 오롯이 전달할 수 있다. 당신의 신념에 따라 행동하면서 사적인 영역을 지켜나가면 상대는 당신을 존중하게 된다.

존중하는 마음은 정서적으로 괴롭히거나 조종하고 싶은 충동을 억제하는 효과가 있다.

당신이 배우자나 연인의 부탁을 거절해도, 상대는 당신을 존중하므로 당신의 반응을 마음대로 해석하지 않는다. 당신의 결정에는 타당한 이유가 있다고 생각하며, 있는 그대로 받아들이게 된다.

당신이 싫어하는 것을 자주 말하라

배우자 또는 연인에게 "노"라고 말하는 법을 배우는 첫 단계는 당신이 싫어하는 것과 자기 생각, 그리고 자신의 신념을 파악하는 것이다.

다음 단계는, 파악된 내용을 반영해 사적인 영역을 정하는 것이다.

예를 들어 당신은 자동차 수리를 매우 싫어한다. 그리

고 이 싫어함을 강조하는 사적인 영역을 정한다. 그런데 당신의 배우자가 자기 자동차에서 이상한 소리가 난다고 좀 봐달라고 부탁한다. 이때 당신은 이렇게 대답한다.

"당신도 알다시피, 난 자동차 수리하는 걸 아주 싫어해. 하지만 카센터에 맡기는 일은 내가 할게."

다른 예로, 당신은 시끄럽고 소란스러운 콘서트를 싫어한다. 그런 콘서트에 가면 귀가 아프고 안전도 걱정된다. 그런데 배우자가 당신에게 록 콘서트에 같이 가자고 제안한다. 그 경우, 이렇게 대답할 수 있다.

"같이 가자고 해서 고마워. 그런데 나는 안 가는 게 좋겠어. 그런 콘서트는 좋아하지 않아."

자신의 확고한 의견을 바탕으로 배우자 또는 연인에게 "노"라고 답할 때 자신감이 향상된다. 게다가 자신의 신념에 따라 행동할 때 배우자와의 연결고리인 상호 존중감이 더욱 강화된다.

40

자녀에게 조종당하기 쉬운
부모의 거절 방법

부모가 자녀에게 "노" 하기도 쉽지 않다. 부모는 자녀가 행복하길 원하므로 자녀에게 무엇이든 부족함 없이 채워주려 한다.

부모는 자녀에게 새로운 것을 경험할 기회도 만들어주고 싶다. 그러다 보니, 필요 이상으로 아이들의 부탁에 "예스" 하게 된다.

이런 결정엔 외부의 압력도 한몫한다. 당신이 자녀에게 지나치게 엄격한 부모라고 남들이 생각하길 원치 않는다. 공공장소에서 구경꾼들에게 당신이 독재자 같은 부모라는 인상을 주고 싶지도 않다. 그래서 당신은 자녀에게 "안 된다"라고 말해야 하는 순간 "된다"라고 말해 버린다.

한편, 아이들은 원하는 것을 얻는 방법을 재빨리 터득한다. 언제 부모의 감정을 잘 이용하면 "안 된다"를 "된다"로 바꿀 수 있다는 사실을 직관적으로 안다. 그걸 배워서 자신에게 유리하게 이용하는 아이들도 있다.

예를 들어보자.

아이: 오늘 밤에 사라네 집에서 자도 돼요?
부모: 안 된다.
아이: 재미있는 건 왜 하나도 못 하게 해요? 어떨 때는 엄마 때문에 너무 화가 나서 마구 소리를 지르고 싶어요!
부모: 알았어. 제발 화내지 마라. 사라네 집에서 자렴.

당신이 이런 식으로 물러서면 아이는 부모가 하는 "안 된다"라는 말이 최종 결정이 아니라는 걸 배우게 되고, 부모의 마음을 바꾸려고 설득할 수 있다. 그리고 일단 부모를 설득하는 데 성공하면, 아이는 끈질기고 계산적인 사람이 될 것이다.

'안 된다'를 '된다'로 믿게 만드는 잘못된 습관

아이에게 "안 된다"라고 말하는 것은 명확한 경계선을 설정하는 일과 같다. 그것은 아이가 해도 되는 일과, 하면 안 되는 일이 무엇인지 명확하게 정하고, 그 기준에 맞게 아이의 기대치를 정하는 일이다.

아이들은 부모의 규칙이 얼마나 엄격한지 시험하려는 경향이 있다. 아이들은 다른 것을 배우기 전까지 "안 된다"라는 단순한 말을, 실제로 "될 수 있다"는 의미로 받아들인다. 아이들은 부모가 결국 양보할 가능성이 있다고 생각한다.

부모의 권위를 주장하고 싶다면, 그리고 아이가 부모의 결정을 따르길 원한다면, 당신은 아이를 반드시 실망시킬 각오를 해야 한다. 아이가 원하는 것은 당신의 생각과 종종 반대일 수 있다.

당신은 당신이 한번 내린 결정을 절대 바꾸지 않는다는 것을 아이에게 가르쳐야 한다. 아이가 당신 마음을 바꾸려고 어떤 수단을 쓰든 간에, "안 된다"라는 말은 끝까지 "안 된다"여야 한다.

부모가 주의해야 할 협상의 함정

협상의 함정에 빠지는 부모가 많다.

어떤 협상은 공정하고 고려해 볼 가치가 있다.

예를 들어 아이가 이렇게 물어본다. "제가 심부름을 다 하고, 숙제도 다 하고, 개도 산책시키고 나서 사라네 집에서 자도 돼요?"

이런 협상 전술은 아이가 자신이 해야 할 일을 했을 때의 긍정적인 효과를 이해했음을 보여준다.

반대로 고려할 필요 없이 바로 거절해야 할 불공정한 협상이 있다.

예를 들어 아이가 이렇게 말한다. "사라네 집에서 못 자게 하면 심부름 안 할 거예요." 이 말은 협박과 다름이 없다.

만일 당신이 협상에 개방적인 사람이라면, 긍정적인 협상만 받아들여야 한다.

예를 들어 아이가 심부름과 숙제를 다 하고, 자신이 해야 할 일을 했을 때 친구네 집에서 하룻밤 자고 와도 된다고 허락하는 것은 긍정적인 방식이다. 이런 협상은 아이의 정직성과 좋은 성격을 기르는 데 좋고, 충동성을 억제하는 데도 도움이 된다.

반면에 나쁜 행동을 하겠다는 아이의 협박에 굴복하면 부모의 권위가 무너지게 된다. 그리되면 앞으로 아이에게 "안 된다"라고 말하기는 점점 더 어려워진다.

결론적으로, 자녀에게 "안 된다"라고 말하는 것은 자녀의 기대치를 설정하고 부모의 입장을 고수하는 중대한 문제다. 당신의 자녀가 "안 된다"라는 말을 진정한 "안 된다"의 의미로 받아들이게 되면, 당신을 조종하려는 행동은 줄어들 것이다.

41

의리 때문에 어려운
친구의 부탁 거절

친구의 부탁은 들어준다. 아니, 친구의 부탁은 들어줄 것이라 기대한다는 말이 더 정확하겠다. 그래서 친구의 부탁을 거절하기가 어려운 것이다.

친구의 부탁을 거절했을 때 단순히 실망하는 데서 그치지 않는다. 자칫 우정이 깨질 수도 있다.

다시 말하지만 기대감이 문제다. 친구는 당신에게 부탁하면서 당연히 들어줄 거라 기대한다. 그런데 거절하는 말을 듣게 되면 친구는 혼란스럽고 짜증이 날 것이다.

어떤 경우 친구의 마음속에 당신에 대한 기대감이 너

무 깊이 뿌리 내려서 친구에게 당신의 상황은 전혀 중요하지 않을 수도 있다. 친구는 당신이 거절했다는 사실에만 집착하게 될 것이다.

어떤 식으로 대화가 오가는지 살펴보자.

친구: 야, 오늘 오후에 나 좀 공항에 데려다줄래?
나: 안 돼, 오늘은 시간이 없어.
친구(화가 나서)**:** 뭐라고? 난 네 부탁 들어주는데.
당신: 시간이 있으면 당연히 부탁을 들어주지. 근데 오늘은 도저히 시간이 안 돼.
친구(화가 나서)**:** 너 정말 너무한다! 다음에 나한테 부탁하지 마!

친구의 기대에 부응하지 못하면 친구 사이가 틀어질 수 있다. 서로에 대한 신뢰와 친밀감에 나쁜 영향을 줄 수 있고, 향후 친구와의 대화는 날이 서고 심지어는 금방이라도 싸울 것처럼 될 수도 있다.

부탁을 거절한다고 우정이 깨지는 건 아니다

그렇다면 기분 상하지 않게 하면서 어떻게 친구의 부탁을 거절할 수 있을까? 친구에게 "안 돼"라고 말하면서 우정에는 금이 가지 않는 방법이 없을까?

첫째, 당신은 당신이 맡은 일과 관심사를 위해 시간을 낼 책임이 있음을 인지하자. 아무도 당신만큼 당신의 시간을 존중해 주지 않는다.

한 가지 일을 승낙하면 다른 일은 거절해야 한다는 사실을 잊어선 안 된다. 좋은 친구라면 당신의 일보다 자기 일을 더 중요하게 생각해 달라고 강요하지 않을 것이다.

둘째, 친구에게 짜증을 내면서 거절하는 단계까지 가서는 안 된다. 당신이 계속해서 친구의 부탁을 들어주다 보면, 친구가 당신의 도움을 당연시한다는 생각이 들어 짜증이 나고 불만이 생긴다. 그래서 결국 "안 돼!"라고 소리치며 폭발하게 된다.

셋째, 당신의 거절에 친구가 실망하고 화를 내도 그건 당신의 문제가 아니다. 품위 있고 솔직하게, 상대방을 존중하며 부탁을 거절했다면 당신은 최선을 다한 것이다.

넷째, 경계선을 명확히 세우자. 당신이 거절할 때 보

통 부정적으로 반응하는 친구가 있다면 그 친구를 따로 불러내서 진지하게 대화를 해보라. 친구에게 당신의 감정과 한계, 그리고 개인적인 신념에 대해 잘 알아듣게 설명한다.

친구에게 솔직하게 말하라. 특히 당신이 맡은 업무량과 개인적인 책임감을 고려할 때, 다른 사람의 필요를 자신의 필요보다 먼저 챙기는 것이 당신에게 얼마나 지치고 짜증나는 일인지 설명하라. 그 말을 듣고 진정한 친구라면 당신의 우려를 이해하고, 당신이 정한 경계선을 존중해 줄 것이다. 친구에게 다음에 도움이 필요할 때 다시 요청하라고 말하라.

친구를 도우면 결국 친구 사이에 신뢰와 친밀감이 더욱 깊어진다. 어려움에 처한 친구를 돕는 것은 매우 보람 있는 일이다.

그러나 당신이 친구의 부탁을 늘 들어줄 수만은 없다. 부탁을 거절해야 할 때도 있다. 이 점을 친구에게 분명히 밝혀야 한다. 그리고 친구의 부탁을 거절할 땐 그럴 만한 타당한 이유가 있어야 한다. 친구가 이해할 수 있고 존중할 수 있는 이유 말이다.

42

이웃과 불편한 관계가 되는 건 정말 피하고 싶다

이웃은 쉽지 않은 관계 중 하나다. 이웃은 가족이 아니므로 그들에게 변함없는 충성심을 느끼기는 어렵다.

그러나 이웃은 가까이에 살기 때문에 자주 보게 되고, 어쩌면 매일 볼 수도 있다. 그래서 이웃과 관계가 불편해지는 건 정말 피하고 싶다.

당신은 '예스맨'이고 당신의 이웃이 강압적이고 요구가 많다면 어떻게 될까?

이웃의 창고에 마음대로 들어가 연장을 빌려 가는 사람들이 있다고 한다. 심지어는 이웃의 안방을 자기 안방처럼 마음대로 들락거리는 사람도 있다고 한다.

내 남동생의 이웃은 갑자기 집으로 들이닥쳐서는 안으로 들어오라고 할 때까지 계속 현관문을 두드린다고 한다. 20분 넘게 현관문을 두드린 때도 있었다고 한다. 현관문에 달린 우편함 구멍을 통해 안을 들여다보고 사람이 있는지 확인하기도 하고, 심지어 문손잡이를 돌려보기도 한다.

당신에겐 이런 부류의 이웃이 없기를 바란다. 이 정도는 아니더라도 이웃에게 명확한 경계선을 긋는 것은 중요한 일이다. 경계선이 분명하면, 이웃이 당신에게 선을 넘는 부탁을 할 때 거절하기가 쉬워진다.

경계선이 분명히 설정돼 있다면, 아무리 이웃의 부탁에 "노"라고 말할지라도 그와의 관계가 틀어지지 않는다.

예를 들어 당신은 재택근무 중이다. 그러자 밖에서 종일 근무하는 한 이웃이 자신의 반려동물을 돌봐 달라고 부탁한다. 가끔씩 집에 들러 잘 지내는지 확인해 주고, 먹이도 주고, 심지어 산책까지 시켜달라고 말이다.

이건 당연히 성가신 일이다. 재택근무를 한다고 해서 당신에게 시간이 더 많아지는 것도 아닌데, 이웃은 당신의 도움을 당연시하는 것 같다.

그래서 당신은 경계선을 정하기로 한다. 이웃이 자기 반려동물을 돌봐 달라고 부탁할 때마다 당신은 간단히 이제 그 일은 하지 않는다고 말한다. 시간이 흐르면서 당신은 이웃의 반려동물을 돌보는 일을 하지 않는다는 소문이 퍼진다. 상식을 가진 이웃이라면 당신의 결정을 존중할 것이다.

이웃의 기대가 문제지 당신 탓이 아니다

당신의 이웃이 당신의 집에 찾아와서 일주일 동안 여행을 간다고 말한다. 그동안 자기 반려동물의 먹이를 챙겨주고 하루에 몇 번씩 산책시켜 달라고 부탁한다. 그럴 경우, 당신은 다음과 같이 대답할 수 있다.

"난 이제 다른 사람들의 반려동물을 돌봐 주는 일을 하지 않아요. 내 일에 집중하려고 그렇게 원칙을 정했어요."

이런 답을 들은 이웃은 기분이 언짢을 수 있다. 그가 당신에게 적대적으로 대할 수 있고, 언어폭력을 행사할 수도 있다. 그러나 이웃의 이런 부정적인 반응은 당신과는 무관하다는 사실을 기억하라. 이 경우 이웃의 반응은 그의 기대가 부당했음을 말해준다.

이웃의 부탁을 한 번도 거절한 적이 없는데 이제 와서 거절하려면 아마도 어색하게 느껴질 것이다. 이는 당연한 일이다. 당신은 이웃의 부탁을 거절해서 그의 기분을 상하게 하고 싶지 않은 것이다.

동시에 당신의 우선순위를 타인의 것보다 앞세우는 것에서 죄책감을 느낄 필요가 없다. 당신은 당신의 시간, 에너지, 돈, 노동력을 관리하는 주체이기 때문이다. 이 한정된 자원을 현명하게 사용하여 당신 자신과 당신이 책임지는 사람들을 돌보는 것이 중요하다. 이를 할 수 있는 유일한 사람은 바로 당신이다.

이웃들과의 경계를 확실히 정하라. 그리고 그 경계선을 품위 있고 차분하게 지켜내라. 시간이 지나면 이웃에게 "노"라고 말하기가 점점 더 편안해질 것이며, 이웃의 기대치와 당신의 신념이 조화를 잘 이뤄나가게 될 것이다.

43

회사에서 동료의 부탁을 거절하는 방법

직장은 때로 이해관계가 상충하고 목표가 충돌하는 전쟁터 같다. 동료로부터 다양한 업무와 개인적인 프로젝트에 대해 도움을 요청받는 것은 불가피한 일이다.

문제는 당신도 담당하는 업무가 있고 그 업무를 처리할 시간과 에너지가 제한되어 있다는 것이다. 이런 상황에서 단호하게 거절하는 방법을 알 필요가 있다.

앞서 3부에서 다룬 전략 중에서 상당수가 직장에서 특히 효과적이다. 예를 들어 도움을 청하는 사람에게 나중에 다시 물어보라고 하는 전략(24. 들어줄 여지가 있다면 다음을 기약하기)은 그 요청의 긴급도를 판단하는 좋은 방법이다.

부탁한 건에 대해 당신보다 더 잘 알고 더 많은 도움을 줄 수 있는 다른 동료를 추천하는 전략(27. 전문성 면에서 더 적합한 사람 추천하기)은 당신과 도움 요청자 모두에게 유익하다. 도움 요청자는 당신보다 더 적합한 인재를 활용할 수 있고, 당신은 시간을 절약해 업무에 충실할 수 있다.

제4부 32. 자주 부딪히는 부탁 유형에 대처하는 법을 활용하면 동료의 부탁을 거절할 때 번거로움을 피할 수 있다. 이는 업무 환경에서의 기술 전문화와도 일맥상통한다.

우리는 대부분의 시간을 특정 범주의 업무와 활동에 할애한다. 이런 업무와 활동은 우리의 전문화된 기술의 영역이다. 전문화된 기술은 업무의 생산성을 높이고 실수와 낭비를 최소화하는 데 도움이 된다.

당신의 동료가 이런 기술 이외의 프로젝트를 도와달라고 부탁하면 당신은 마땅히 거절해도 된다.

변명, 거짓말 필요 없이 정공법으로

이때 중요한 것은 거절하는 태도다. 거절할 때 변명하

지도 말고, 거짓 이유를 만들어내지도 말라. 진정성과 품위를 유지한 채 당신의 결정을 분명히 밝히라.

예를 들어 동료가 자신의 개인 프로젝트에 도와달라고 부탁한다면 당신은 다음과 같이 답할 수 있다.

> **"나를 믿고 부탁해 줘서 고맙습니다. 하지만 나는 내가 맡은 프로젝트를 중단하고 싶지 않습니다."**

또는 이런 대답도 가능하다.

> **"난 그 분야를 잘 모르기 때문에 당신한테 큰 도움이 되지 않을 겁니다. 그래서 거절하겠습니다."**

이때 동료에게 사과할 필요도, 얼버무릴 필요도 없다. 최대한 분명하고 심플하게 당신의 의사를 밝히면 된다. "나는 못 합니다"라는 말 대신에 "나는 안 합니다" 또는 "하고 싶지 않습니다"라는 말로써 당신이 내린 결정에 책임을 진다.

당신이 동료들의 요청을 다 들어주던 습관을 그만둔다면 동료들은 전보다 당신의 시간을 좀 더 존중하게 될 것이다. 당신에게 시간적 여유가 있고, 동료의 부탁이 당신의 직업적 욕구와 개인적 신념, 장기 목표와 일치할 때 당신이 그 부탁을 들어줄 가능성이 크다는 점을 깨닫게 될 것이다.

44

대략난감 상사의 부탁, 어떻게 거절할까?

당신의 상사는 당신의 업무량을 인지하고 있다. 이상적이라면 그렇다. 당신이 어떤 일을 하고 있는지, 당신의 가용 시간은 얼마나 되는지 상사는 파악하고 있을 것이다. 그래서 당신에게 새로운 프로젝트나 업무를 맡길 때 상사는 당신이 현재 담당하는 업무의 우선순위를 재조정할 것이다.

이렇게 진행되어야 맞다. 그러나 현실은 이처럼 매끄럽게 진행되지 않는다. 다음 시나리오를 보자. 혹시 당신에게도 익숙한 상황인가?

당신은 일이 산더미처럼 쌓인 사무실 책상에 앉아 일하고 있다. 고객 및 외주 업체로부터 쉴 새 없이 전화가 오고 있다. 그런 가운데 회신해야 할 이메일 생각 때문에 골치가 아프다.

시계를 보니 15분 뒤에 회의 시작이다. 오늘 잡혀 있는 여러 회의 중 하나다. "회의가 이렇게 많은데 일은 언제 하나?"라고 당신은 중얼거린다.

순간 당신은 컴퓨터 받은 메일함을 흘낏 보고는 곧 후회한다. 최선을 다했지만, 받은 메일함은 계속 쌓여가고 업무량은 줄어들지 않고 있다.

스트레스 지수가 급격히 높아진다. 할 일은 너무 많고 그 일을 끝낼 시간은 부족하다. 끝이 보이지 않는 터널 속에 갇힌 느낌이다.

이처럼 숨 막힌 상황에서 상사로부터 이메일을 받았다. 혹시나 해서 이메일을 클릭하여 읽는다. 상사가 당신에게 또 다른 프로젝트를 맡긴다는 내용이다. 시간도 없고 여력도 없어 실망스러운 한숨만 내쉰다. 점심 먹을 시간도 없다.

상사의 이 요청을 어떻게 거절할 수 있을까? 당신의 업무를 통제하는 사람의 지시를 과연 거절할 수 있을까?

무턱대고 맡았다간 실패만 쌓일 뿐

이때 많은 사람이 새로운 업무를 그냥 받아들일 것이다. 상사에게 "안 됩니다"라는 말을 하기가 불편하기 때문에 참는다. 상사가 당신을 함께 일하기 어려운 사람이라고 생각하게 되면 당신의 경력에 안 좋은 영향을 미칠 것이라 걱정하는 것이다.

그러나 상사에게 당신의 한계를 전달할 필요가 있다. 그래야 당신의 스트레스도 관리하게 되고, 과로로 번아웃되는 상황도 피하게 된다.

정말 하지 말아야 할 것은, 할 시간도 없으면서 새 프로젝트를 맡는 거다. 그랬다가 당신에게 돌아올 것은 좌절감과 실패뿐이다.

"안 된다"라는 말을 하기가 어려울 수 있지만(나쁜 소식을 전하는 건 항상 힘든 일이다), 그 충격을 완화할 방법은 있다. 다음 몇 가지를 해결책으로 제안한다.

첫째, 상사에게 당신이 맡은 현재 업무들을 차분히 말하고, 그래서 시간이 부족하다고 솔직하게 밝힌다. 현재 진행 중인 업무들 때문에 새 프로젝트를 잘 수행할 수 없다는 점을 설명한다. 마감 시한이 임박한 프로젝트들이 있다면 그것도 언급하라.

둘째, 새 프로젝트에 대해 질문을 한다. 다음과 같이 묻는다. "언제까지 마쳐야 하나요?" "구체적으로 어떤 내용을 포함하나요?" "어떤 기술이 필요하나요?" "프로젝트에 참여하는 팀원들 간에 업무 조율은 어떻게 해야 하나요?"

셋째, 상사에게 당신의 업무 우선순위를 재조정해 달라고 요청한다. 새 프로젝트에 시간과 관심을 쏟을 수 있도록 현재 진행 중인 프로젝트의 일정을 미뤄달라고 제안한다.

넷째, 현재 진행 중인 프로젝트와 업무의 일정을 조정할 수 없다면 새 프로젝트의 일정을 조정해 달라고 부탁한다. 예를 들어 현재 진행 중인 업무가 완료되는 5일 뒤에 신규 프로젝트를 맡을 여유가 생길 것이라고 말할 수 있다.

실제 "노"라고 말하지 않고도 상사에게 거절의 뜻을 전달할 수 있다. 사실 "노"라는 말은 부정적인 의미를 담고 있어서 다른 말로 거절하는 것이 현명한 방법이다. 가장 중요한 점은 당신의 한계를 설명하고 대안을 제시해 상사가 원하는 것을 달성할 수 있도록 도움을 주는 것이다.

No ——————————— Yes

45

놓치고 싶지 않은 고객의 부탁 거절하기

일할 맛이 나게 하는 '꿈의 고객'이 있다. 자신의 요구 사항을 명확히 전달하고, 납기일을 합리적으로 제시하며, 자신이 고용한 사람의 프로세스에 따라 일할 수 있게 해주는 고객, 결제도 제때 처리해 주는 고객이 그렇다.

반면, 힘든 고객도 있다. 비합리적인 납기일을 요구하고, 계약이나 협약의 범위를 넘어서는 업무를 자꾸만 해달라는 고객, 자신이 고용한 사람의 일을 지나치게 세세하게 간섭하여, 일하는 것 자체를 두렵게 만드는 고객이 그렇다.

후자 같은 힘든 고객에겐 "노"라고 말하기가 비교적 쉽다. 무례하게 과도한 요구를 하는 고객의 일을 거절하는 것은 생존과 직결된 문제이기 때문이다. 그들은 투입하는 시간과 노력과 업무의 난도에 비해 너무 적은 보상을 준다.

문제는 우수 고객들조차 이따금 거절하는 게 나은 요청을 한다는 것이다. 예를 들어 특정 프로젝트는 수행할 자원이 부족할 수 있다. 만약 그 프로젝트를 맡겠다고 하면, 실패를 자초하는 셈이다.

보상 대비 시간과 노력이 지나치게 많이 들어가는 일을 맡아달라고 할 수도 있다. 아니면 좋은 프로젝트를 맡겼지만, 당신의 휴가 계획 때문에 시간이 안 될 수도 있다.

핵심은 아무리 우수 고객의 요청일지라도 일을 거절할 합당한 이유가 있을 수 있다는 것이다. 그러나 그때도 거절하기가 쉽지 않다.

우수 고객을 실망시키거나 마음에 상처를 입히고 싶지 않기 때문이다. 그 고객과의 좋은 관계를 깨고 싶지 않고, 비즈니스를 잃고 싶지도 않다.

사업 운영 원칙을 철저히 지키라

그렇다면 고객의 요청을 거절할 때 어떻게 하면 그들이 당신의 결정을 존중하도록 할 수 있을까?

첫째, 고객의 프로젝트를 거절하는 것은 당신의 서비스나 프로의식에 문제가 있다는 뜻이 아님을 인식한다. 반대로 당신은 자신의 한계를 알고 있고, 사업을 운영하는 방식에서 명확한 기준이 있어서 거절하는 것이다.

둘째, 고객에게 요청을 거절하는 합당한 이유를 알려준다. 예를 들어 다음과 같이 말할 수 있다.

> "이번 일을 수행할 자원(또는 기술)이 충분하지 않아서 저는 맡지 않겠습니다."

또는 다음과 같이 설명할 수 있다.

> "곧 휴가를 가게 되어서 이번 일을 수행할 시간이 없습니다."

당신의 거절을 정당화하는 이유를 대라. 자신의 요청을 거절한 이유를 이해한 고객은 당신의 결정을 받아들일 것이다.

셋째, 대안을 제시한다. 예를 들어 여유가 없어서 프로젝트를 맡을 수 없다면 고객에게 납기일을 연기해 줄 것을 제안한다.

프로젝트를 수행할 기술이 부족하다면 당신이 신뢰하며 필요한 기술을 보유한 사람을 추천한다.

프로젝트에 그냥 관심이 없다면 당신 대신에 그 일을 하고 싶어 하고 능력이 있는 사람을 제안한다.

고객에게 "노" 하는 것은 전혀 즐거운 일이 아니다. 당신이 진심으로 좋아하는 단골 고객에게는 특히 더 그렇다. 그러나 상황에 따라 "노"라고 말하는 것이 최고의 결정이 될 수도 있다.

당신이 고객과 소통을 잘하고 솔직하며 존중하는 태도를 보인다면 관계를 해치지 않고도 그 고객에게 "노"라고 말할 수 있다.

당신이 가끔은 고객의 요청을 거절할 수도 있음을 보여주는 것도 필요하다.

46

의외로 까다롭다! 모르는 사람 부탁 거절하기

모르는 사람의 부탁은 개인적인 관계가 없기 때문에 거절하기가 쉬울 수 있다. 처음 보는 사람이기에 충성심이나 의무감을 느끼지도 않는다. 따라서 모르는 사람으로부터 부탁을 받았을 때 거절하고 싶으면, 쉽게 거절을 한다.

한편 모르는 사람의 부탁을 거절하는 것을, 친구나 가족의 부탁을 거절하는 것만큼 어려워하는 사람도 있다. 이런 사람들은 모르는 사람이라도 도움을 거절하는 것에 죄책감을 느낀다.

만약 당신이 후자에 속하고, 모르는 사람의 부탁에 죄책감 없이 거절하는 법을 배우고 싶다면, 다음 세 가지 방법을 사용해 보기를 바란다.

첫째, 모르는 사람에 대한 당신의 의무는 어디서부터 어디까지인지 생각해 본다. 이런 자기 분석은 당신의 가치관과 신념을 반영해야 한다. 이것은 개인적인 문제다. 다른 사람이 느끼는 것과 당신이 느끼는 것은 다를 것이다.

예를 들어 많은 사람이 걸인에게 돈을 주는 것을 의무로 느낀다. 반면, 그렇게 하는 것은 도덕적으로 문제라고 생각하는 사람도 있다. 걸인에게 돈을 주고 안 주고의 문제는 당신이 이를 어떻게 생각하느냐에 일부 달렸다.

당신은 타인의 승인이 필요 없는 사람이다

타인의 기준에 맞추는 것을 목표로 삼아선 안 된다. 당신은 타인의 승인이 필요 없는 사람임을 기억하라. 오히려 당신 자신의 기준을 명확히 하고, 당신의 기준과 일치하는 결정을 내리는 것을 목표로 해야 한다.

만약 걸인에게 돈을 주는 게 잘못된 일이라고 생각한

다면, 기부 요청을 거절하는 것이 당신의 신념과 일치하므로 쉽게 거절할 수 있다.

둘째, 모르는 사람의 부탁이 불편하다면 그렇다고 주저하지 말고 이야기하라.

예를 들어 당신이 공원에서 휴식을 취하고 있는데, 낯선 사람이 다가와 볼일을 보러 잠시 다녀오는 동안 자신의 반려견을 30분만 맡아달라고 부탁한다. 당신은 이때 다음과 같이 말할 수 있다.

"저는 당신이 누구신지 모르고, 또 개도 처음 보는데요. 만약 이 개가 누구를 물기라도 하면 제가 책임져야 하잖아요. 그래서 저는 이 개를 맡는 게 불편합니다."

셋째, 4부 32. 자주 부딪히는 부탁 유형에 대처하는 법을 사용한다. 특정 활동은 아예 참여하지 않기로 규칙을 정하는 것이다. 낯선 사람의 도움 요청이 당신이 세운 규칙에 해당한다면, 거절하고 그 이유를 설명한다.

예를 들어 커피숍에 들러 커피를 한 잔 마신 다음 주차장으로 걸어가는데 낯선 사람이 다가와 당신에게 기차역까지 태워달라고 부탁한다. 그런 요청은 모두 거절한다

는 원칙을 세웠다면 다음과 같이 말하면서 쉽게 거절할
수 있다.

"저는 낯선 사람을 태워주지 않습니다. 그게 제 원칙입니다."

이렇게 말하면 상황은 종결된다. 부탁하는 사람이, 예를 들어 "저 믿을 만한 사람이에요!"라고 말하며 계속 설득해도 당신은 자신의 원칙을 말하면서 거절한다.

낯선 사람을 절대 도와주지 말라는 말이 아니다. 잘 모르는 사람들을 위해 좋은 일을 하면 거기에서 오는 기쁨도 있다. 그러나 당신의 안전, 개인적인 신념, 자원 부족 등의 이유라면 거절이 더 좋은 대답이 된다.

47

자기 자신에게
"노" 하는 기술

우리는 항상 시간과 돈, 노동력, 기타 자원을 소모하려는 유혹에 노출되어 있다. 이런 유혹은 보통 우리를 목표에서 벗어나게 한다. 이런 유혹을 이겨내는 능력, 본질적으로 자기 자신에게 "노"라고 말하는 능력은 건강하고 보람찬 삶을 사는 데 핵심이다.

예를 들어 다이어트를 한다고 가정해 보자. 정크푸드를 먹지 않고 몸무게를 감량하고자 목표를 세웠다. 그 사실을 모르는 직장 동료가 사무실에 도넛을 가져왔다.

당신은 다음 두 가지 중 하나를 선택한다.

1. 자기 자신에게 "안 돼"라고 말하고 도넛을 먹지 않는다.
2. 유혹에 넘어가 도넛을 먹는다.

당신은 하루 온종일 해야 할 집안일이 가득하다. 청소기도 돌리고 산더미 같이 쌓인 빨래도 해야 하고, 주방과 화장실 청소도 해야 한다. 그런데 갑자기 친구가 전화해서 자기 집에 놀러 오라고 한다.

당신은 다음 두 가지 중 하나를 선택한다.

1. 자기 자신에게 "안 돼"라고 말하고 집안일을 끝까지 한다.
2. 유혹에 넘어가 집안일을 중단한다.

유혹을 뿌리치는 것은 목표에 집중하고 전념하는 데 매우 중요한 일이다. 문제는 어떻게 효과적으로 유혹을 뿌리치냐다.

포기하고 싶고 유혹에 넘어가고 싶을 때 어떻게 자기 자신에게 "안 돼"라고 말할 수 있을까?

유혹의 노예가 되지 말라

내가 사용했던 해결책을 소개하겠다. "나는 …… 하지 않는다"라는 문장을 만드는 것이다. 당신이 어떤 일을 하지 않기로 선택했는지 나타내는 문장을 만들어 활용하는 방법이다.

예를 들어 다이어트 중에 누가 도넛을 준다면 "도넛은 안 먹어요"라고 말할 수 있다. 친구 집에 초대받았는데 집안일을 해야 하는 상황이라면, "집안일을 해야 해. 내일 볼까?"라고 말한다.

당신이 맞닥뜨릴 수 있는 다양한 유혹과, 그 유혹을 거절하는 데 도움이 되는 "나는 …… 하지 않는다"라는 문장 사례를 소개하면 다음과 같다.

유혹의 목소리: 매일 가던 헬스클럽을 빠져라.
나의 반응: 나는 헬스클럽을 빠지지 않는다.

유혹의 목소리: 쓸데도 없는 물건을 비싸게 주고 사라.
나의 반응: 나는 쓸데없는 것에 돈을 쓰지 않는다.

유혹의 목소리: 직장 동료에 대한 소문을 퍼뜨려라.

나의 반응: 나는 남의 이야기를 하지 않는다.

유혹의 목소리: 업무 중에 인터넷 쇼핑을 하라.
나의 반응: 나는 해야 할 일이 있을 때 시간을 허투루 쓰지 않는다.

유혹에 넘어갔을 때 당신은 충동의 노예가 된다. 그 결과 잠깐의 기쁨을 얻을 수 있지만, 장기적인 만족감은 얻을 수 없다.

"나는 …… 하지 않는다"라는 단호한 선언으로 유혹을 이겨낼 때 당신은 건강한 의지로 쌓아 올린 삶의 설계자가 된다.

How To Say No

에필로그

누군가의 부탁에 쉽게 "예스" 하는 습관이 일으키는 파장

당신의 "예스"가 당신에게 미치는 영향을 기억할 필요가 있다. 당신이 다른 사람들의 부탁을 들어주고 그들의 일을 당신의 일보다 우선순위에 두면, 당신은 당신의 소중한 자원들을 포기하는 셈이 된다. 특히 무엇보다 중요한 시간에 대한 통제력을 포기하는 것과 같다.

한 번 낭비된 자원은 되찾을 수 없다.

우리는 누군가에게 부탁을 받았을 때 대수롭지 않게 생각하는 경향이 있다. 적은 노력이면 충분히 들어줄 수 있다고 생각한다.

그러나 많은 경우에 그렇지 않다. 2분이면 된다고 한 일이 30분 넘게 걸리고, 한 시간이면 된다고 하던 일이 반나절이 걸린다.

작은 부탁들이 모이면 큰 부탁이 된다. 게다가 한두 사람의 부탁이 아니라, 여러 사람의 부탁을 들어주다 보면 당신의 가장 생산적인 시간들을 빼앗기게 된다.

나는 이 책을 통해 죄책감 없이 누군가의 요청, 초대, 부탁을 비롯해 기타 사적 영역을 침범하는 모든 것을 거절하는 전략과 기술을 알려주었다.

본문에서 다룬 거절의 전략들은 도움을 요청한 자가 "노"라는 말을 들었을 때 느끼게 될 실망감을 줄여준다. 이런 전략을 사용하면 관계가 깨지거나 불이익을 당할 우려 없이 거절할 수 있다

그렇지만 처음에는 거절하기가 쉽지 않을 것이다. 단호하게 거절하기는 근육을 쓰는 것과 같다. 근육을 써야 근육이 강해진다.

그래서 나는 당신이 이 책에 나오는 거절의 전략들을 바로 사용해 보길 권한다.

위험도가 낮은 상황에서 작은 것부터 시작하자.

음식점에서 종업원에게 "디저트는 필요 없습니다. 고맙습니다"라고 말하라. 그러고 나서 점차 위험도가 높은

상황에서 거절의 전략들을 적용해 본다.

시간과 노력을 기울이면 점차 자신감 있게 행동하게 될 것이다. 자신의 신념을 믿고 의지하는 법을 배우면 거절하기가 더 쉬워질 것이다.

덤으로 당신의 친구들과 가족들, 동료들과 이웃들이 당신의 시간과 결정에 대해 더욱 존중하는 태도로 바뀔 것이다.

품격 있는 거절의 기술

초판 1쇄	2025년 8월 25일
지은이	데이먼 자하리아데스
옮긴이	권은현
편집	오경희
디자인	이재호
펴낸이	이경민
펴낸곳	㈜동아엠앤비
출판등록	2014년 3월 28일(제25100-2014-000025호)
주소	(03972) 서울특별시 마포구 월드컵북로22길 21, 2층
홈페이지	www.dongamnb.com
블로그	https://blog.naver.com/damnb0401
전화	(편집) 02-392-6901 (마케팅) 02-392-6900
팩스	02-392-6902
SNS	
전자우편	damnb0401@naver.com
ISBN	979-11-6363-973-2 03190

※ 책 가격은 뒤표지에 있습니다.
※ 잘못된 책은 구입한 곳에서 바꿔 드립니다.
※ 여러분의 투고를 기다리고 있습니다.